Dejad que el Brote de Vida Florezca

Dejad que el Brote de Vida Florezca

Una Guia Para Criar Niños Sanos y Felices

SWAMI RAMA

Himalayan Institute Hospital Trust
Swami Rama Nagar, P.O. Doiwala
Distt. Dehradun 248140, Uttaranchal, India

Agradecimientos

Queremos expresar nuestra gratitud a Connie Gage por el diseño de la cubierta, a Wesley Van Linda por su guía e inspiración tan generosas que han hecho posible esta aventura, y a los miembros de la Asociación Cultural para el Estudio del Yoga, Madrid, por traducir el texto al español..

Publicado originalmente con el título: *Let the Bud of Life Bloom: A Guide to Raising Happy and Healthy Children.*

Edición: Barbara Bova
Diseño de la cubierta: Connie Gage

Primera edición en español 2003
Impreso en los Estados Unidos de América
ISBN 8-188157-20-1
Library of Congress Control Number: 2003107256

Publicado por:
Himalayan Institute Hospital Trust
Swami Rama Nagar, P.O. Doiwala
Distt. Dehradun 248140, Uttaranchal, India
Tel: 91-135-2412068, Fax: 91-135-2412008
hihtsrc@sancharnet.in; www.hihtindia.org

Distribuido por:
Lotus Press
P.O. Box 325
Twin Lakes, WI 53181 USA
lotuspress@lotuspress.com; www.lotuspress.com
800-824-6396

Indice de Contenidos

PREFACIO

Uno de los aspectos más amables de la personalidad de Swamiji era su carácter infantil que surgía inevitablemente en la compañía de los niños. Su amor hacia los niños era incondicional. Del mismo modo ellos le devolvían su amor sin vacilar y estaban llenos de alegría en cuanto tenían la oportunidad de estar en su presencia. Solía decir a los progenitores que los hijos son siempre mejores que sus padres.

Durante los 25 años que Swamiji pasó en Occidente observó de cerca al pueblo Americano y sus estilos de vida. *"Dejad que el Brote de Vida Florezca"* es un manuscrito de Swamiji de los años 80 y que no fue publicado. Lo escribió para expresar su profunda preocupación por la desintegración de la institución familiar y la pérdida del entrenamiento de base tan necesario para los niños, no sólo en Occidente sino también en Oriente. Las reflexiones y los consejos que Swamiji ofrece en este libro son aún más pertinentes hoy en día para los padres en el mundo entero puesto que el proceso de globalización se ha expandido. El amor incondicional de Swamiji por los niños y su condición de que los niños son nuestra esperanza para el futuro, se hacen patentes en todo el libro. Sus comentarios, tan directos, surgen desde una atención profunda y amorosa por el bien y el futuro de toda la humanidad.

Se han añadido algunas notas de conferencias dadas por Swamiji para realzar el manuscrito original.

1) Nota del traductor: En el libro se emplean las palabras "niño" o "niños", "hijo" o "hijos" en sentido genérico que incluye tanto a los chicos como a las chicas.

Introducción

La herencia cultural tiene un impacto profundo en el destino humano porque deja una huella indeleble en la mente y el corazón. La cultura es cómo un océano con billones de olas: la religión, la filosofía, la tradición, el arte y la historia. Cada individuo flota dentro de este océano cultural como un pequeño iceberg. Las tres cuartas partes de la personalidad del individuo permanecen escondidas debajo, mientras que tan sólo una pequeña parte es conocida por los demás y por uno mismo. Estos pequeños iceberg chocan unos contra otros y finalmente se disuelven. Este océano es el cosmos en el cual vivimos, pertenece a la Providencia. Es una manifestación de las verdades fundamentales sobre las cuales nosotros, seres humanos, construimos un mundo. Sufrimos, no porque la Providencia quiera que suframos, sino a causa de nuestro modo de vivir y de nuestro apego a los objetos flotantes, pasajeros y brillantes del mundo. El dolor y la lucha no son la creación de la Providencia, sino de la humanidad. Por eso los sabios de los Upanishads gritaban: "Quitad este velo de oropel para que podamos ver la cara de la Verdad". Este grito es fútil si uno persiste en vivir en un mundo auto-creado lleno de dolor y de tristeza.

La cultura es como una obra de arte que ha sido teñida con numerosos colores por un sinfín de pintores durante muchas generaciones, es como un tapiz multicolor que fue tejido durante siglos y que pasó de una generación a otra en cada sociedad. Sus colores se entremezclan para formar una urdimbre exquisita que no se puede dividir con análisis ni estudios. Del mismo modo la personalidad humana es un tapiz multicolor tejido con muchos patrones de hábitos, un hábito es un surco creado por acciones repetitivas. La palabra "personalidad" proviene de su raíz "persona", una palabra griega que significa "máscara". Nos comportamos de acuerdo con nuestra personalidad y todo lo positivo o negativo en el adulto es el resultado de los hábitos adquiridos en la infancia.

He observado la cultura humana. He estudiado la conducta cultural y los complejos tradicionales; he examinado los ambientes en que los niños modernos se crían y cómo los niños desarrollan problemas en la infancia, llegando a la conclusión de que la mayor parte de nuestros problemas tienen su raíz en ella. Nuestra apariencia refleja nuestro modo de ser y nuestro modo de ser es en gran parte el producto de la educación que hemos recibido en la infancia. Si padecemos muchos miedos cuando somos niños y aprendemos a ser débiles y sumisos, más tarde en la vida no podremos remediarlo. He visto intelectuales, incluso gente que se considera de gran inteligencia, estar incómodos en cuanto llega la noche porque tienen miedo a los fantasmas. En su niñez se les dijo que hay fantasmas muy poderosos que pueden dañar y hasta matar a la gente. Incluso si alguien intenta entender y analizar este asunto de los fantasmas no logrará convencer su inconsciente. Las semillas de la creencia que se siembran en la infancia se convierten en principios que guían al adulto.

La cultura humana parece estar atascada en una charca de hábitos estancados que impiden a la civilización dar el siguiente paso de progreso. La mayoría de nosotros vive para gustar a los demás en vez de vivir como quiere vivir, esto crea múltiples personalidades. Seguimos utilizando falsas máscaras, una encima de la otra y la consecuencia es que hasta nuestros amigos más íntimos, nuestros parientes y colegas, no pueden nunca conocernos. Ni siquiera nos conocemos a nosotros mismos. Aunque se considera a veces que las múltiples personalidades son aspectos creativos, no lo son. Hoy día, si alguien es un poeta, un orador, un bailarín, un músico y un artista, se le considera versátil. Pero ¿cuánta gente tiene la capacidad de ajustar las múltiples facetas de sus distintas personalidades e integrarlas todas en una sola?. Esto no se ve muy a menudo. Para entender y analizar la personalidad humana, se necesita entender la vida en su totalidad.

La sociedad está envuelta en trapos antiguos de hábitos inútiles y de tradiciones que fomentan el egoísmo. La tradición y la verdad son dos realidades distintas. La tradición no es la verdad ni anima al crecimiento. Apoyándose en la tradición los ignorantes encuentran deleite en los charcos de miseria que ellos mismos crean. Es difícil ir más allá de las influencias tradicionales que se desarrollan desde la infancia, suelen perdurar hasta el último aliento del individuo. En la India se da más importancia a los valores tradicionales que a las realidades de la vida diaria. Esto ha sido una gran maldición para nuestra sociedad e incluso hoy no estamos preparados para cambiar nuestros valores tradicionales que están entremezclados con egoísmo, apego y gratificación de los sentidos. Nos hemos convertido en una sociedad de ortodoxia y esta ortodoxia ha guiado el destino de nuestra sociedad hacia el aislamiento. Creyendo que nuestros valores son superiores hemos resistido el pleno intercambio de ideas culturales, somos como un lago que provee agua a los demás pero no acepta ningún aporte. Disipamos nuestro tiempo y energía en rituales rígidos y creencias que no nacieron de las verdades filosóficas de nuestros antiguos sabios, sino de los dogmas creados por líderes egoístas y egocéntricos que sabían poco y centrados en su ego cometieron muchos errores.

Crearon un paraíso de tontos para nuestra sociedad y nuestra noble herencia se perdió. Los guardianes de nuestra cultura se han vuelto rígidos y todo el marco de nuestra sociedad está tan arropado por la tradición que nuestra visión de un horizonte claro y limpio está obstruida. ¿Cómo puede alguien crecer sin tener una visión clara y limpia de un espacio infinito?. Los recuerdos del pasado noble están cuidadosamente preservados y guardados en las numerosas bibliotecas de la India para recordarnos nuestra gran herencia. Sin embargo seguimos perdidos en hábitos seudo-culturales y nos hemos convertido en una sociedad que es una mezcla de nuevo y viejo, sin entender el valor ni de lo uno ni de lo otro. Nos hemos olvidado de que nuestros hijos son la generación que surge y que puede formar una nueva nación y ayudar a recuperar lo que se ha perdido.

He observado que tanto en Oriente como en Occidente, la educación de los niños no ha sido establecida con cuidado y muchos problemas sociales modernos son el resultado de una falta de entrenamiento adecuado en la niñez. La institución de la vida familiar necesita reforma porque los padres ya no entienden lo importante que es educar a un niño. Ya es hora de que desarrollemos un currículum que enseñe los valores y las responsabilidades de la vida familiar. Este tipo de educación falta en nuestros hogares hoy día y no se imparte en ninguna escuela del mundo. A menos que creemos métodos nuevos de entrenar a nuestros hijos, métodos que no estén basados en prohibiciones ciegas, el futuro de la humanidad seguirá corriendo peligro, es decir, que nuestros hijos no se convertirán en exploradores, inventores, descubridores ni buenos ciudadanos y no aprenderán a comunicarse unos con otros. La comunicación es la esencia de la relación. Sin comunicación los individuos no pueden llegar a ser parte de una sociedad integrada, ni ayudar a crearla. Cuando la sociedad se desintegra, el resultado es violencia y destrucción. Tan sólo una sociedad integrada puede producir paz, prosperidad y progreso.

Criar a un niño de forma sana requiere una mezcla de lo mejor de nuestros antiguos valores y de nuestros nuevos inventos. Nuestros antepasados en India permitían a sus hijos crecer libremente y ofrecían ayuda tan sólo cuando se necesitaba. Era un medio excelente para que los niños aprendieran. La forma moderna de criar a los niños tiene muchos defectos porque los padres son egoístas y se ocupan más de sus propios placeres que del bien de sus hijos. Me pregunto por qué los padres de hoy día no son capaces de sacrificarse por sus hijos y de dejarlos crecer según sus propios potenciales

Un swami tiene muchos hijos. Los amo a todos muchísimo y hablo por ellos porque están buscando e intentan entender. Esto es particularmente lo que le ocurre a la generación más joven en América: buscan, pero no hay disciplina en ellos. Dentro de diez años serán los guardianes de su país. Este hecho se olvida. Porque los niños de hoy en el mundo entero serán los padres de la próxima generación la sociedad debería ofrecer a todos los niños una educación completa acerca de cómo ser un ser humano. Examinemos pues cómo se educa a los niños en nuestra sociedad ahora.

I.

La Vida Familiar

La vida familiar es un campo de entrenamiento para que los niños aprendan a relacionarse unos con otros desde el principio. Si este campo de entrenamiento está revuelto, los niños también se perturbarán y permanecerán así toda su vida. La enseñanza que se imparte en los colegios y en las universidades tiene desde luego mucha utilidad. Pero un niño que no se ha criado en un buen ambiente familiar, incluso aunque reciba la mejor enseñanza, no sabrá cómo relacionarse con los demás.

Hay algunas diferencias fundamentales entre la vida familiar en la cultura Oriental y la vida familiar en Occidente. Hasta hace poco la vida familiar en Oriente ha tenido una vocación más elevada y ha sido una experiencia más significativa y más profunda que en Occidente. Pero poco a poco en Oriente se han ido olvidando los auténticos valores de la vida que los antiguos arquitectos de su gran cultura habían promocionado. La institución familiar de la sociedad Oriental sigue teniendo buenas referencias, pero los hermosos valores culturales antiguos están siendo poco a poco sobrepasados por los encantos del mundo moderno. La cultura hindú tiene muchas buenas cualidades las cuales son las fuerzas que mantienen las familias unidas. En la cultura oriental, y especialmente en la India, los niños reciben mucha atención porque la mayoría de las madres no trabajan. Las que trabajan dejan a sus hijos al cuidado de algún miembro de la familia, especialmente al cuidado de los abuelos, porque el corazón y la mente de un niño sufre al estar en manos de extraños.

La intimidad entre padres e hijos es más profunda en la India que en cualquier otra cultura. Sin embargo esta intimidad puede llegar a producir un intenso apego y el sufrimiento que acompaña al apego puede crear obstáculos, tanto para los padres como para los hijos. Nuestras Escrituras dicen: " No te apegues, aprende a Amar". No entendemos lo que estas palabras significan porque estamos atrapados en las trampas del apego y el amor no llega a su plenitud. Sufrimos porque utilizamos muchas muletas como "esto es mío, esto es mío y esto también es mío". Esta posesividad conduce a un sentido ilusorio de propiedad y nos hace hundirnos y desaparecer en el pantano del apego. Los niños hindúes carecen de auto-confianza a causa de la superprotección y del apego de sus padres. Esto es un serio defecto de la vida familiar en la India. Al estar tan estúpidamente apegados a sus hijos, los padres les imponen sus ideas y sus expectativas. Se espera de los hijos que sigan literalmente los pasos de sus padres y que los reverencien más de lo necesario. No se les permite hablar, expresarse o pensar según su tendencia natural, en vez de esto se les enseña a aceptar las ideas de sus padres sin cuestionar ni razonar. A causa de esta falta de comunicación entre padres e hijos, éstos experimentan toda la vida la presión de tener que estar a la altura de las expectativas de sus padres.

Esta interacción constreñida impide el desarrollo de los propios talentos y de la personalidad de los hijos, de modo que los potenciales de desarrollo llegan a estar paralizados por el miedo y la inseguridad. En la India los padres han de trascender esta tendencia que tienen hacia la posesividad y el apego a sus hijos, ya que así crean serios obstáculos a nivel social, mental y espiritual. Han de animar a sus hijos a ser libres y espontáneos en vez de aferrarse a ellos. Les han de enseñar a ser cada vez más independientes, porque cada niño ha de dejar el nido tarde o temprano.

En América lo que falta es una verdadera cultura, porque es como una olla con gente que ha venido de culturas muy distintas. La sustancia dentro de la olla cambia continuamente y uno no sabe a qué atenerse. Puesto que América todavía no ha creado su propia cultura, la vida familiar americana no tiene sus raíces en ella. Además, el avance técnico ha producido cambios drásticos en la vida familiar occidental. La institución del matrimonio y de la vida familiar se ignora. El terreno más vital de entrenamiento para el niño, la institución familiar, está desapareciendo. El niño americano se siente inseguro porque no recibe el entrenamiento necesario en la niñez, se desperdicia una cantidad enorme de energía y de dinero en los juzgados que se llenan de casos de divorcios, y montones de psicólogos y psiquiatras tratan de arreglar los problemas de la vida matrimonial. Todos estos problemas provienen de una sola raíz que es la falta de Consciencia de Sí Mismo. Si uno no se conoce a Sí Mismo no puede comunicar con los demás y esto está creando un problema muy serio en la vida familiar y está desmantelando la sociedad americana. Por un lado, América intenta ganar más de lo que se llama conocimiento por medio de los descubrimientos científicos, mientras que por otro lado la estructura familiar se desmorona porque no se entiende lo que es.

¿Cómo se puede crear una cultura si la sociedad no entiende los grandes valores de la vida familiar?

Cuando los padres no son capaces de vivir juntos en armonía esto es un caos para los hijos. La extraordinaria percepción que los niños tienen es mayor que el conocimiento de los estudiantes que practican las disciplinas del yoga. Los adultos se relacionan más a través del pensamiento expresado en lenguaje, pero un niño percibe a través del sentimiento. De hecho el poder emocional es mayor que el intelectual. Los hijos son muy sensibles a los pensamientos y emociones de sus padres porque están muy cerca de ellos. Están muy afectados por los pensamientos de sus padres y también por los de los demás miembros de la familia y los que les cuidan. Es ignorancia supina por parte de los padres pensar que pueden desahogarse cuando los niños duermen, porque incluso cuando están profundamente dormidos su subconsciente graba las frustraciones, descontentos y discusiones. Se ha probado científicamente que los niños profundamente dormidos son receptivos y están afectados por los desacuerdos y disputas de sus padres, estas pruebas se han llevado a cabo en Alemania y en Francia. Durante estos experimentos, se pedía a los padres que empezarán a discutir una vez que los niños estaban dormidos. Entonces los niños en vez de producir ondas delta, las cuales indican un estado de sueño profundo, empezaban a crear ondas beta, lo cual señala un sueño agitado. Cuando los padres no se aman, y discuten y luchan con frecuencia, sus palabras y pensamientos tienen un efecto notable sobre sus hijos, incluso durante el sueño. En un entorno así los niños pueden volverse inquietos, tener pesadillas y despertarse llorando. Alimentar a un niño para calmarle no compensa la perturbación creada en los reinos sutiles de su mente.

Tampoco es sano para la relación padre-hijo que los padres sigan juntos sólo a causa de los niños. Los hijos sufren muchísimo cuando sus padres son incompatibles en su vida matrimonial. La decisión de los padres de separarse y de divorciarse supone un desastre para los hijos, nunca he visto un niño que pueda considerarse normal después de que sus padres se hayan divorciado. La mente y el corazón tierno de los niños no pueden entender lo que ha pasado. Un niño me dijo: " Me conviene" "¿Por qué?" le pregunté. El me contestó: " Vivo con mi mamá y recibo dólares de mi papá. Cuando vivían juntos no me querían tanto. Pero no entiendo por qué no viven juntos". Este es el tipo de conflicto que hay.

La noción occidental de éxito material también ha tenido un efecto desastroso sobre la vida familiar. La vida moderna, especialmente en Occidente, está controlada por lo que se llama la economía, la cual no se basa en las necesidades sino en numerosos deseos-fuentes de extravagancia y de disipación de la energía. La competición para obtener más y más confort externo existe en las casas, en los barrios y en el mundo entero. Por ejemplo: ¿cuánto tiempo, energía y dinero desperdicia la gente en revestir sus esqueletos para ser aceptados por los demás en esta sociedad moderna?. El deseo de ser aceptado y de ser deseado son obstáculos que inhiben nuestro crecimiento. Es difícil saber donde terminará llevando a la humanidad esta competición, incluso en la familia marido y mujer parecen estar compitiendo entre sí. Lo adultos ponen cada vez más énfasis en el éxito tal cual se define en el mundo material, y dan prioridad, no a sus hijos, sino a las facturas que pagan. Con sus hijos en las rodillas o sentados cerca de ellos, los padres discuten sus éxitos o fracasos financieros. Esto crea sentimientos de inseguridad en los niños que necesitan encontrar la fuerza y guía de sus padres. Éstos están bajo la presión de obtener una abundancia de cosas materiales, incluso las madres que tienen cultura se sienten forzadas a valorar las posesiones materiales por encima de sus deberes hacia la educación de sus hijos, y salen a trabajar. Al niño le dejan desatendido o en manos de extraños. En el torbellino creado por el mundo moderno, estas madres trabajadoras se sienten naturalmente culpables por el hecho de que sus hijos no sean suficientemente atendidos y amados. Para compensar inundan a los niños con la mejor ropa y los video-juegos más avanzados, al mismo tiempo crean expectativas irreales acerca de que su hijo tiene que ser perfecto y ha de desarrollarse según los libros de sicología infantil que se ponen de moda. En vez de dejar que se realice a su ritmo y según sus propios intereses, el niño se ve forzado a ser el mejor, porque está rodeado de lo mejor en cuanto a cosas materiales. De este modo el niño mismo se convierte en una cosa: tan sólo otro juguete mecánico al que se da cuerda para exhibirle ante las visitas. La alegría interior se convierte en un sueño que, para este niño, nunca se hace realidad.

A menudo los padres quieren que su hijo llegue a ser lo que ellos mismos no lograron ser y establecen para él metas en este sentido. Le empujan en cierta dirección, tanto si él está preparado para estas metas como si no. En vez de observar la conducta del niño y sus tendencias naturales, fuerzan sus propias ideas sobre su hijo y esperan que cumpla con sus expectativas. Este tipo de presión es más pesada que cualquier otra. En cuanto el niño empiece a expresarse, sus padres le dicen que ha de ser abogado, doctor o un gran científico. Esto es ridículo. Es como si un jardinero esperase que un lirio florezca como un tulipán y cuando se viera que no ocurre, se sintiera lleno de desilusión, de frustración y así no pudiera apreciar la belleza del lirio. Cuando las metas paternas se imponen crean conflictos entre los padres y el hijo, que crece entonces lleno de resentimiento, y el fuego del descontento le arde por dentro. Este conflicto sigue durante toda su vida. Como padres debéis observar para saber cuáles son las tendencias naturales del niño, las motivaciones que le trajeron a este mundo, al estudiar la conducta del niño podéis daros cuenta de estas fuertes motivaciones. Entonces podéis ayudarle a crecer y guiarle por el mundo. Si los padres estudiasen las cualidades inherentes y preponderantes de su hijo y le dejasen crecer según ellas, éste podría desarrollarse de forma más plena. Todo ser humano tiene potenciales. Muchos de los problemas de nuestra sociedad se podrían resolver si los padres ayudasen a sus hijos a expresar sus potenciales de forma creativa.

Los niños necesitan una educación integrada en vez de la que sólo enfatiza el éxito material, el énfasis en el éxito crea una indigestión en la psique del niño, se siente presionado aquí y allí todo el día, del colegio a los deportes, y luego a la música, al arte y a las clases de baile. Corre en una carrera de adulto para cumplir los sueños de sus padres, sin tiempo libre para ejercitar su imaginación. Los niños pueden examinar sus sentimientos y experimentar el mundo abiertamente a través de la imaginación, para luego formar su propia visión de la vida y de su entorno. Cuando se interrumpe el juego imaginativo del niño y se le apremia a que se bañe, coma y se vista, se le roban los valiosos momentos de aprendizaje. No es de extrañar que en Occidente se diagnostique cada vez a más niños hiperactividad e incapacidad de aprendizaje. Los niños occidentales carecen de seguridad porque son los espejos de las ansias de sus padres.

Otro gran problema en la sociedad occidental es el exceso de estímulo. Los niños están bombardeados por estímulos a través de la televisión, la radio, las cadenas musicales, los computadores y los juguetes electrónicos. Los productores de programas infantiles y los fabricantes de juegos y juguetes bombardean a los niños con colores estridentes y altavoces para captar su atención. La meta de la producción en el mercado de masas es convencer a sus padres para que les compren un número cada vez mayor de estos artículos. Los productores y los fabricantes rara vez dan atención a las necesidades de desarrollo de los niños, y los padres utilizan poco discernimiento a la hora de seleccionar los juegos y juguetes de sus hijos y sus programas de televisión. Como resultado de ello, la niñera que atiende al niño occidental se ha convertido en algo inanimado y mecánico, sin ternura ni palabras de ánimo, en estas circunstancias muchos niños se convierten en dictadores decidiendo cómo y cuándo van a divertirse y con qué. Al sentirse culpables por no pasar más tiempo con sus hijos los padres suelen ceder,. no se percatan de que en realidad lo que sus hijos piden es una guía amorosa y no un trono.

Ambos modos de educar a un niño, el moderno y el tradicional, parecen ser extremados e incompletos. El modo moderno es mecánico, y el tradicional rígido. En el modo moderno se le dice a la madre que evite que el bebé dependa de ella, se la anima a que le deje llorar y que tenga una canguro. Este modo es tan peligroso como el método tradicional en el que el niño ha de seguir los pasos de sus padres al pie de la letra. Este método tradicional no acepta la individualidad del niño, el cual es utilizado como un medio para contrarrestar frustraciones y egoísmos personales. En vez de ser amado incondicionalmente, los niños son considerados como posesiones que han de satisfacer el sentido de falta de plenitud de los padres. Algunos de estos padres están orgullosos de tener un hijo porque ello satisface sus expectativas sociales y alimenta su ego. La consciencia del niño graba todo esto y así pierde definitivamente parte de su individualidad.

Aunque la vida familiar sea la base misma de la sociedad sigue siendo un terreno de experimentación para los seres humanos. Las relaciones humanas, que hoy en día peligran, no deberían tomarse a la ligera, porque se trata de algo profundo y muy significativo. Habría que considerar el matrimonio como una responsabilidad agradable y no como un simple juego al que se juega por una necesidad biológica. El matrimonio es un proceso que incluye compartir, entender y ajustar, el ajuste es una habilidad que lleva al contentamiento. Cuando dos personas conviven y no encuentran plenitud empiezan a desear tener un hijo. El niño se convierte en un puente entre dos personas. Cuando ambos hacen esfuerzos por amor al niño, su relación mejora. Las parejas casadas no deberían ser irresponsables y tener hijos si no están preparadas para educarlos con amor y sabiduría. Tener y educar a un niño es una responsabilidad muy grande y para cumplir con esta responsabilidad los padres deberían tomar en consideración algo más que la motivación egoísta de satisfacer mutuamente sus necesidades, instintos y deseos. La responsabilidad no es algo malo, asumir la responsabilidad de algo significa aprender a dar lo mejor que se tiene. Cuando dos personas se casan no sólo para satisfacer sus necesidades sexuales sino también para tener un hijo, deberían tomar en serio esta responsabilidad y dedicar tiempo a su hijo para que pueda convertirse en un buen ser humano. Con este entendimiento y esta meta en la mente, criar a un niño es un placer y una gran alegría. Si la madre no entiende sus deberes hacia el niño o si ni ella ni el padre están dispuestos a sacrificar su propio placer por el bien del niño, éste crecerá como un salvaje. Un niño así será un estorbo para sí mismo y para los demás sin entender la raíz de estas perturbaciones.

A veces parejas de recién casados, aunque utilicen anticonceptivos, descubren que van a tener un hijo. Esto se convierte en un problema, porque todavía no estaban preparados para ello. Durante algún tiempo hasta puede que consideren la posibilidad del aborto, luego recapacitan y deciden tener el niño. No se percatan de los "Samskaras " -las impresiones sutiles- que dejan en el niño. Nacerá con confusión ya que sus padres no estaban preparados. En la sociedad actual los padres suelen tener dificultad de comunicación, un niño que se trae al mundo sin ningún entendimiento contribuirá a aumentar este problema de comunicación.

Se debe aceptar la responsabilidad de ser padres desde el principio. Si entendéis que Dios os ha creado como instrumentos para traer al mundo a otro ser humano, será una alegría para ambos. La actitud a tener es que si el Señor quiere que sirváis a alguien, lo vais a servir con todo vuestro corazón y vuestra mente. Aceptad lo que sea que Dios os dé y aprended a amar vuestros deberes hacia el niño. Así disfrutaréis de vuestro hijo. Los padres no suelen entender este hecho y no se preparan para acoger y apreciar lo que hay de único en la persona del recién nacido. Cuando deseáis tener un hijo, primero habéis de preguntaros si tenéis los medios suficientes y la capacidad para tenerlo. Y más importante aún deberíais preguntaros si realmente merecéis tener un hijo. No solamente tendríais que saber cómo educar a un niño, sino además deberíais prepararos para merecerlo. Esto requiere una larga preparación física, mental y espiritual. Algunos de los Samskaras del niño provienen de la conducta, enseñanza y entendimiento de sus padres. Si la madre es muy emocional el niño también padecerá este estrés emocional. El hijo de un hombre que no tiene control sobre sus impulsos tendrá también esta debilidad.

No es prudente tener un niño a menos que se esté plenamente preparado para criarlo con el entendimiento de que también podéis aprender del niño, en vez de forzar vuestras ideas sobre él. Los niños quieren saber cosas por sí mismos, sin interferencia, y no quieren que se les abrume con cosas. Vuestros hijos os pueden enseñar mucho si estáis preparados para aprenderlo. De ellos podéis aprender renuncia, caridad y servicio sin egoísmo, muchas veces también tendréis que renunciar a placeres por su bien. Por ejemplo, puede que planeéis unas vacaciones estupendas y en el último momento hay que cancelarlas porque el niño se encuentra mal, o tenéis que esperar a que vuelva del colegio y a que se acueste. Cuando se tiene un hijo se aprende a dejar a un lado el egoísmo.

Contamos mucho con la educación que se imparte en los colegios y universidades, pero el hogar es el mayor campo de entrenamiento. De hecho, los hogares son escuelas donde los niños aprenden a jugar, a amar y a relacionarse con los demás. En casa, las diferentes personalidades con las que el niño entra en contacto crean las impresiones sutiles que contribuyen a construir su propia personalidad. Si el niño vive en un ambiente que no es sano ¿cómo puede crecer bien, ser un buen ciudadano y ayudar a otros?. Los padres han de proporcionar hogares armónicos en los cuales los hijos se nutran, el hogar está hecho para irradiar amor sin egoísmo. Es muy importante respetar y reverenciar la antigua institución que es la familia, para nuestra supervivencia, para la supervivencia de nuestras familias y para la supervivencia de este campo de entrenamiento que se llama la vida familiar. Si cuidamos a la nueva generación, encontraremos un gran cambio en la civilización durante el tiempo de nuestra vida.

No estoy a favor de una cultura y en contra de la otra, pero mi observación me ha llevado a entender que el mundo tecnológico y científico actual no debería olvidar nuestros antiguos valores culturales. Si el corazón antiguo se une a la mente moderna evitará que perdamos lo que tenemos, y nos capacitará para aceptar aquello que es bueno para el crecimiento de cada individuo y de toda la humanidad.

II.

El Entrenamiento de Base

En la tradición familiar de la India, la madre es la profesora principal. Las Escrituras Indias dicen: " Matridevo, patridevo, acharyadevo". Devo quiere decir un "ser de luz". Este dicho significa que, en la vida de un niño, la madre es el primer profesor, el padre el segundo y el maestro espiritual o las enseñanzas religiosas el tercero. Estos tres maestros proporcionan la base educativa del niño y proveen la guía necesaria. La madre, en cuyo seno amoroso se aprenden las primeras lecciones de la vida, es la primera y la más importante profesora del niño. Si ella no siembra las semillas de buena conducta y de salud, los otros dos profesores encontrarán grandes dificultades para cumplir con sus deberes. Se dice que un niño empieza a aprender veintiún años antes de su nacimiento. Esto significa que la madre ha de entrenarse muchos años antes de concebir al niño para que pueda amarle y educarle de un modo que sea agradable y sano para ambos.

Una mujer debería trabajar muchísimo antes de tener un hijo si realmente quiere que nazca sano. No solamente tiene que esforzarse por mejorar su salud física, debería también Trabajar sobre Si, intentar transformar su personalidad por el bien de su hijo. Cuando una mujer espera un niño su dieta ha de ser nutritiva, tiene que hacer ejercicio y leer libros que la inspiren. Su marido debería tratarla con mimo, respetarla, cuidarla y no crearle ningún problema emocional, debería entender que ella necesita amor y comprensión. El niño está afectado por el modo en que la madre piensa antes y durante el embarazo y tendrá las mismas tendencias que su madre. Por lo tanto, cuando una mujer está embarazada no debería pensar negativamente, no debería estar deprimida y no debería enfadarse. Su conducta y sus pensamientos afectan al hijo cuyo corazón es tierno y lo recibe todo.

La educación del niño puede empezar el primer día de embarazo. Se puede leer un ejemplo de esto en el Mahabharata, una gran epopeya de la India. Arjuna era un gran guerrero y al volver del campo de batalla solía hablar de las técnicas guerreras con su mujer que estaba embarazada. Ella no tenía ningún interés en estas cosas, así que él un día le dijo: "Escucha, te cuento estas cosas para educar a nuestro hijo. Por favor, escucha". Ella no se lo creía, pero él insistió y le explicó cómo construir una fortaleza impenetrable y le iba a explicar cómo se entra en la fortaleza del enemigo, pero no pudo terminar la lección porque ella se durmió. A la edad de doce años, su hijo, Abhimanyu, podía describir cómo se construye una fortaleza impenetrable. Lo sabía a causa de los Samskaras o impresiones sutiles que había recibido en el seno materno.

La naturaleza ha provisto un mecanismo maravilloso para que la madre durante nueve meses pueda disfrutar de la compañía del niño, sólo ella puede sentirle y comunicar con él. Ha de darse cuenta de que esto es algo magnífico y aprender a disfrutar de ello. Durante los meses de embarazo el padre no siente de forma tan directa como la madre la presencia viva del niño. Antes del nacimiento el padre tan sólo siente entusiasmo, curiosidad y orgullo, el hombre no tiene el poder de la mujer al llevar en ella su hijo durante nueve meses. Si se pone una piedrecita sobre el abdomen de un hombre y se le dice que la lleve dos o tres días no podrá hacerlo. La mujer es superior al hombre, tiene una fuerza tremenda y una gran capacidad para aguantar el sufrimiento. El hombre en todas las edades ha sido un irresponsable, es la mujer quien estableció la institución familiar y fue ella la que la sintió la necesidad de establecer un hogar y un lugar para proteger a su hijo. Así que la mujer es de hecho el primer arquitecto. Ahora sigue siendo responsabilidad de la mujer construir la sociedad. Aquello que el hombre no ha sido capaz de hacer la mujer lo ha de realizar porque ella puede. Todas las mujeres deberían ser conscientes de la riqueza que tienen y ninguna mujer debería sentirse inferior por el hecho de serlo. Tiene un inmenso poder y una gran responsabilidad, la educación del niño está totalmente en manos de la madre y si todas las madres decidieran cumplir con sus deberes para con sus hijos con amor, en un solo día podrían reducir considerablemente el sufrimiento del mundo. Todas las madres deberían darse cuenta de que pueden cambiar el curso de la vida de su hijo. Aunque criar a un niño es una responsabilidad compartida, la mayoría de los hombres no se interesan por conocer ni por entender la necesidad y la importancia de amar, acariciar y enseñar al niño. Está en la naturaleza del hombre ser extrovertido. Es difícil ser sensible a las responsabilidades de educar a un niño, el hombre no suele ser muy útil a la hora de atender a un bebé. Muchos padres se ponen celosos cuando la atención que antes se les daba ahora se da al bebé, así muchas veces dejan de ser amables con su mujer y empiezan a quejarse para atraer su atención. De modo que el hombre de la casa demuestra su inutilidad y su falta de habilidad a la hora de ayudar a criar a un niño y la madre es la única que atiende amorosamente al bebé.

Muchos grandes hombres a lo largo de la historia han pagado tributo a su madre en gratitud por lo que lograron hacer. La maternidad es obviamente lo más grande que hay, porque la madre ama a su hijo incondicionalmente, tiene de forma natural la capacidad de comunicarse estupendamente con el bebé, en silencio, aunque el niño no entienda nada de su madre. Si el niño llora y la madre acude el niño se aquieta. Esto se llama comunicación silenciosa, el lenguaje del amor. Aunque una madre lo hace todo para su hijo no espera nada a cambio, trabaja todo el día, alimentándole, limpiándole y pensando en él. Nunca se desilusiona por muchas tonterías que el niño haga, su placer es atenderle, por eso el niño ama a su madre que le sirve constantemente. Si no el niño sólo aprendería amor propio. Si el amor de la madre no está allí, ¿cómo puede el niño aprender a amar?.

Aunque la mujer tiene una tendencia natural y un instinto para amar a un bebé, una que no haya tenido ningún entrenamiento en las responsabilidades de la maternidad a menudo comete errores que son dañinos para el niño, aunque esta no sea su intención. Si un profesor no sabe nada de un tema ¿cómo va a enseñar a los estudiantes?. Los padres primerizos suelen carecer de experiencia en el cuidado de un niño y muchas madres no tienen ni siquiera el conocimiento básico necesario. Los errores suelen ocurrir en la alimentación del niño, en el cuidado de su salud, en el tiempo que hay que dedicarle y en la disciplina que hay que darle, todo esto al mismo tiempo que conviene dejarle crecer según sus potenciales.

Los padres modernos no suelen saber cómo nutrir al niño. Idealmente a un bebé habría que darle el pecho hasta que cumpla aproximadamente un año. Para eso la madre ha de sentarse erguida en vez de quedarse tumbada y sujetar al niño en sus rodillas. También he visto madres que no saben cómo poner al niño después de mamar y la consecuencia son gases que se forman y causan molestias, y el niño se pone a llorar. Necesita expeler los gases después de mamar y para eso hay que mantenerle erguido apoyado sobre el pecho. Una vez fui a visitar a los padres de un recién nacido y observé que nada más terminar de darle de mamar, la madre le ponía en la cuna y le cantaba una canción. El niño estaba inquieto y lloraba a causa de los gases que se iban formando. Le enseñé como coger al niño y después de expeler los gases se durmió plácidamente.

Muchas madres primerizas tampoco saben que sus propios problemas gástricos pueden pasar al niño cuando le amamantan y que necesitan tener cuidado con su propia dieta.

A veces los padres piensan que hay que alimentar al niño de forma mecánica cada tres horas y hasta despertarle de noche para eso. Una vez estaba en casa de unos amigos y me di cuenta de que la madre despertaba al bebé de dos meses para darle de mamar ."Venga, venga despierta, hay que comer". El pobre niño daba gritos y la madre intentaba darle de mamar a la fuerza. Al día siguiente le pregunté: "¿Quién te ha dicho que hay que hacer esto?." Me contestó que su médico. Insistí: "Pero ¿te dijo que despertarás al niño en pleno sueño?". Entonces ella admitió que tal vez no le había entendido bien. Hay que dejar a un niño dormir todo lo que quiera y que se despierte de forma natural. No es bueno para su salud turbar su sueño, cuando se despierte y tenga hambre ya pedirá a gritos la comida, no hay necesidad de crear un plan artificial. También el niño sabe mejor que la madre la capacidad que tiene y no se le debe forzar a comer más de lo que quiere. Alimentarle a la fuerza no es amor y puede crear serios problemas, puede que se ponga a llorar y se niegue a tomar leche, que se vuelva testarudo y forme un hábito de rechazo a la comida. Un niño obstinado seguirá creando resistencia y mecanismos de defensa para aislarse de los demás, no se comunicará libremente con sus padres, con sus profesores ni con sus compañeros. Desde el principio la sospecha, la duda y la falta de confianza le harán retraerse dentro de su propio mundo privado. Tal aislamiento le impedirá compartir e intercambiar con los demás y no habrá ninguna reciprocidad en su conducta. Si este hábito no se corrige a temprana edad, el niño se verá disminuido en todas las etapas de su crecimiento y desarrollo. Más tarde, en la vida, estos mecanismos de defensa y el hábito de aislarse le crearán serias barreras y no será capaz de relacionarse con amigos y ni siquiera con su mujer. La incompatibilidad con la propia pareja es una consecuencia de hábitos adquiridos en la niñez, y no importa cuantos terapeutas, psicólogos, psiquiatras o consejeros intenten ayudar a una persona así, sigue siendo muy difícil para él volver a ganar confianza o relacionarse con su pareja. Estos problemas tienen su origen en la niñez debido a errores inocentes cometidos de forma inconsciente por los padres.

Las madres deberían también entender que cada vez que un bebé llora no quiere decir que sea por comida, puede haber otra razón: la temperatura de la habitación puede ser demasiado fría o caliente, su posición en la cama puede ser incómoda, puede que sienta picor o bien puede tener una pesadilla. Muchas madres no saben que los niños pequeños sueñan y tienen pesadillas como los demás. Todo aquel que experimenta el estado de vigilia, experimenta también el de ensoñación. Estos sueños están causados por el ambiente y el estado de limpieza de la habitación en la cual el bebé duerme. Sonidos creados cerca del niño dormido también le producen un efecto profundo, se puede incluso enseñar a un niño que esté profundamente dormido y con la mente consciente en calma y así mandarle pensamientos para su crecimiento. Sin embargo, ningún sonido inquietante ha de producirse en la habitación donde duerme un niño. Música dura, como rock, no debería sonar. El cuerpo de un niño se sobresalta con el ruido del trueno y sonidos parecidos. Sacudidas y temblores durante el sueño son síntomas de agitación. Cuando el niño experimenta esto, hay que tenerle en brazos y así volverá a sentirse seguro.

Es también importante que la madre se ajuste al ritmo de sueño del niño. Por ejemplo, un recién nacido se suele despertar muchas veces en veinticuatro horas. Esto puede trastocar los hábitos de dormir de la madre hasta tal punto que puede perturbarse o ponerse de mal humor. Muchas veces una madre llena de ira hasta puede tirar al niño en la cama. Una conducta así hacia un niño inocente creará sentimientos de culpa que le harán sufrir y castigarse a sí misma durante mucho tiempo. Cuando la madre es capaz de entender y de acomodarse al ciclo de sueño del niño crea un sentido duradero de tranquilidad en él.

Otra fuente de conflicto puede surgir si el niño no duerme en la misma habitación que sus padres. En la actualidad hay una teoría según la cual un niño no debe dormir en la habitación de sus padres. El doctor explica que esto estorbaría a los padres y perjudicaría su relación, pero ¿es razonable meter a un recién nacido en una habitación separada por simple placer personal?. Cuando un recién nacido está separado de su madre justo después de nacer, la estrecha relación madre-hijo queda perjudicada y muchos niños tienen problemas emocionales a causa de esto. ¿Por qué no ha de quedarse junto a su madre en la misma habitación por algún tiempo? ¿Acaso es más importante la relación de los padres que la de madre-hijo? Esta separación es una práctica peligrosa que suele ocurrir sobre todo en occidente. Así los padres nunca estarán cerca de sus hijos por mucho que lo intenten.

En lo que respecta a la salud del niño, la madre debería tener conocimiento de los métodos preventivos y de medicina natural en vez de permitir que médicos modernos perturben el tierno sistema del niño con medicinas y sedantes para cualquier trastorno menor. Una medicación excesiva tiene efectos adversos, todas tienen efectos secundarios que pueden afectar especialmente el sistema nervioso o dañar el oído o la vista y debilitar el sistema inmunológico. Cuanta menos medicina se le dé a un niño más sano crecerá. Al menos durante el primer año de su vida los padres han de mantener una vigilancia constante y observar con precisión al niño cuando come y cuando duerme. Durante el primer año muchas enfermedades pueden afectar al sistema del niño debido a alergias o sensibilidad a sustancias que están en el ambiente y a nuevos alimentos. Es importante no suprimir tales alergias con medicinas ni con pomadas. Para acabar con estas enfermedades temporales suele ser suficiente con cambiar el ambiente e incluso los recipientes en los que se guisa. Si no se tratan correctamente estas alergias desde el principio pueden tener un impacto negativo en el cuerpo y en la mente del niño, y hasta pueden llegar a crear enfermedades crónicas.

Quisiera también mencionar que muchas madres se olvidan de darle agua al niño. La sed no puede ser aplacada con la leche ni con ningún zumo o líquido, tan sólo por el agua. Agua hervida y dejada enfriar debería darse desde el principio. Si no el niño puede desarrollar estreñimiento lo cual suele preocupar a los padres. Si el médico de familia o el pediatra no es cuidadoso recetará laxantes innecesarios.

El principio del destete puede ser la primera vez que el niño experimente un sentido de inseguridad. He observado mucha confusión durante este periodo de transición en que otro alimento que no es la leche materna está introducido por primera vez. Este destete se ha de hacer de forma suave y gradual. Los tranquilizantes no son sanos y el nuevo alimento se ha de introducir muy lentamente. Cuando el amamantamiento se interrumpe de forma total y repentina y el niño recibe leche de vaca, puede producirse un choque en su organismo. Muchos niños sufren con este cambio tan brusco.

En los años de crecimiento y desarrollo que siguen a la primera infancia el niño ha de recibir alimentos nutritivos. Las madres han de estudiar algo acerca de dieta y nutrición para saber qué darle a su hijo. Hay que escoger alimentos nutritivos, sencillos y frescos. La comida de un niño no se debe tostar ni asar ni condimentar demasiado porque así la comida puede tener mucho sabor pero pierde en valor nutricional. A diario las madres han de emplear el tiempo suficiente en preparar comidas nutritivas y servirlas a sus hijos en un ambiente lleno de calma y de amor. Comidas nutritivas y conversaciones alimenticias deberían ser los principales ingredientes en cada comida. Porque se suele considerar la carne como la parte más importante de la dieta, mucha gente les da carne a los niños incluso antes de que cumplan el primer año, esto no es necesario. Un niño necesita una comida rica que pueda disfrutar y digerir fácilmente. También necesita que se le enseñe a entender qué es lo que debe y no debe comer. La comida rápida tiene un alto contenido en azúcares que restan energía al cuerpo y causan grandes cambios de humor. Esto es más acentuado aún en un niño cuyo organismo es más tierno, pero los padres occidentales ignoran este hecho y muy a menudo escogen lo más fácil y lo más rápido. Por eso hay niños que están hambrientos en los países más ricos del mundo donde hay comida en abundancia, pero la calidad no puede satisfacer las necesidades de niños en etapa de crecimiento.

Por generosidad y por un sentido de servicio la tendencia de las madres hindúes es dar demasiada comida a sus hijos. Pese a estas buenas intenciones comer en exceso no es sano para ellos.

Es frecuente que las madres no se percaten de la importancia de enseñar a sus hijos a masticar correctamente lo que comen y a cepillarse los dientes después de cada comida. Ambas prácticas tienen un impacto profundo sobre la salud del niño y sobre su carácter. Cuanto más se mastique menos se come y así se come mejor. Si un niño no aprende a masticar bien y a cepillarse los dientes tendrá serios problemas de digestión toda la vida.

El ambiente que rodea a todas esta actividades: comer, cepillarse los dientes, ir al baño y prepararse para ir a la cama, han de ser siempre positivas y llenas de paz. Imponer a los niños un límite artificial de tiempo crea estas discusiones entre padres e hijos que se oyen en muchos hogares occidentales todo el santo día, y especialmente antes de la hora de irse a dormir. Los niños no deberían nunca irse a la cama llorando y frustrados sintiendo que sus padres tan sólo se quieren deshacer de ellos, del mismo modo tampoco deberían sentir que irse a la cama es un castigo. Los padres que trabajan deberían refrescarse y calmarse antes del momento en que sus hijos se van a la cama para poder crear para ellos una transición feliz entre los estados de vigilia y de sueño.

Así como la hora de irse a dormir ha de ser suave y tranquila, ciertas rutinas confortables han de seguirse en el momento de despertar al niño por la mañana. Los padres perezosos dejan que sus hijos duerman demasiado. Deberían levantarse con tiempo suficiente para centrarse y así poder crear el escenario de un día de feliz actividad para toda la familia. El día de un niño ha de empezar con paz en vez de con un abrupto despertar causado por los sonidos desagradables de una discusión entre sus padres. El ritmo del día lo establece las voces de los padres y sus movimientos en la casa, los padres que no tienen orden ni sentido de organización crean confusión en el niño porque entonces éste no sabe qué le espera.

Los padres han de estructurar el día según las necesidades y los ritmos individuales del niño y reservarán bastante tiempo para dejarle jugar. También han de supervisar sus juegos. De hecho han de pasar tiempo con sus hijos y enseñarles muchas cosas, como sus nombres y cómo funcionan. Han de contarles y leerles historias de héroes y de grandes hombres. Lo mejor es establecer una rutina diaria que incluye ejercicio físico y tiempo suficiente para comer, para hacer sus necesidades y para actividades, de forma que el niño esté felizmente ocupado todo el día. Si el niño sabe que hay un marco trazado para su día lo seguirá de forma natural y se responsabilizará de hacerlo en su momento. El tiempo es el mayor profesor. Si un plan está establecido de tal modo que el niño aprende a hacer las cosas a tiempo no se volverá perezoso más adelante.

La primera persona que el niño conoce y comprende es su madre por estar tan cerca. Ella es su primera profesora y si no le imparte el conocimiento correcto entonces él no puede crecer ni madurar bien. Ella ha de estar muy atenta a cómo le educa y ha de enseñarle estos métodos y lecciones que le ayudarán a desarrollarse. Si la madre es serena e inteligente el niño tendrá las mismas cualidades. Si la madre no sabe cómo dar amor ni libertad entonces el niño también será egoísta. La salud general del niño es una cuestión de mente y de corazón, de buena alimentación y sobre todo del cuidado amoroso de la madre.

III.

El Desarrollo del Niño

Hay ciertos temas universales que dominan las diferentes etapas en el desarrollo del niño. Cada una de estas etapas tiene un propósito distinto y una belleza propia y cada etapa procede de la anterior. Los padres han de reconocer estos temas universales y animar a sus hijos a experimentar cada etapa de su desarrollo con libertad. Solamente si los padres entienden estas etapas pueden guiar correctamente a su hijo hacia la madurez. No se puede dejar la educación totalmente en manos de los colegios y profesores ya que las semillas que se siembran en la primera infancia son la base verdadera de la educación. Los padres han de entrenarse para llegar a ser los profesores y los amigos de sus hijos. Examinemos algunos de los temas universales de la niñez los cuales, si son bien entendidos, pueden ayudar a los padres a diseñar caminos amplios que permitan al niño controlarse a sí mismo y a su mundo.

Durante la etapa de bebé el principal interés del niño es jugar y se cree que todo en el mundo es un juguete para él. En esta etapa es de gran ayuda tener al bebé suavemente en brazos y hablarle con sonidos tiernos y expresiones de amor. De hecho, es el niño el que enseña a la madre lo que necesita y se establece entre ambos un intercambio sutil y agradable. Se enseñan mutuamente durante toda esta etapa hasta que la consciencia del niño empieza a expandirse.

Aunque la primera infancia es muy alegre, suele ser el período de desarrollo que menos se entiende. Es en esta época cuando padres e hijos han de hacer los mayores ajustes y aprender a entender los hábitos, el lenguaje y la conducta de cada uno. El niño entre los dos y los cuatro años tiene un interés ávido por el lenguaje, es la etapa de la conversación. Empieza a pronunciar con fluidez y puede hablar con sus padres de dinosaurios, de relámpagos, de sueños y de todo lo que le hace reír o llorar. Puede empezar a entender los chistes y repetirlos con sentido y puede experimentar sentimientos de tristeza y saber por qué. En esta etapa disfruta de juegos espontáneos de palabras con el énfasis en el sonido más que el sentido. Los padres deberían compartir estos juegos y entender que son una base importante para leer y escribir y para desarrollar la confianza del niño en la auto-expresión

Durante esta etapa los niños empiezan también a controlar sus movimientos físicos, los cuales comienzan por gatear y andar y luego columpiarse, trepar y saltar. El desarrollo motriz denso está muy activo entre los dos y los cinco años, y es cuando les encanta hacer demostración de este control físico recién descubierto. Los niños necesitan correr libremente, trepar y saltar para despejar la excitación que sienten por estar vivos. Frecuentemente los padres protegen a sus hijos de forma innecesaria y no les dejan gatear libremente, tirar sus juguetes o construir casas de barro. Una protección tan extrema y un énfasis excesivo sobre la limpieza conduce a la anulación de las habilidades creativas del niño. Muchos padres se pasan de cautelosos y montan toda un tragedia cada vez que el niño tropieza y se cae. Esto le vuelve aprensivo y destruye su auto- confianza. Los padres han de dejar que sus hijos sean atrevidos dentro de los límites del sentido común y no deben excederse ni en la protección ni en la cautela.

Es de suma importancia desarrollar una relación sana con el propio cuerpo a esta temprana edad. Un niño no puede nunca aprender a aquietarse mentalmente si no ha aprendido cómo y cuándo expresarse físicamente. Se ha probado que un niño que no aprende a gatear tendrá más tarde dificultad en aprender a leer. Una evidencia así indica que un niño ha de empezar por controlar la capa más activa de su entidad para luego poder desarrollar los niveles más quietos y más sutiles. Del mismo modo, la fina coordinación muscular y la coordinación ojo-mano se desarrollan de lo denso a lo sutil. Un niño pequeño empieza por hacer movimientos densos apretando los puños y así no tarda en llegar a utilizar sus dedos de forma más delicada como preparación para sujetar un lápiz. Los padres a menudo se impacientan con la falta de coordinación física del niño, de tal forma que hasta un mínimo acontecimiento, como derramar leche, se convierte en un drama. Recriminan al niño por sus limitaciones físicas y esto conduce a sentimientos de culpa y falta de auto-estima en él. Los psicólogos han escrito mucho acerca del peligro de tener una actitud de enjuiciamiento negativo en el entrenamiento de la pulcritud. Cada vez que uno de los padres le dice al niño "eres malo" o "no debes" etc, el niño pierde una pequeña parte de su confianza innata.

Cuando una madre ve a su hijo pelearse con otro a menudo intenta justificar su conducta y se mete en la pelea. Eso detiene el desarrollo de la facultad de discernimiento del niño, empieza a creer que, puesto que todo lo que hace recibe la aprobación materna, él ha de tener razón siempre. Durante toda su vida seguirá buscando la confirmación y la aprobación de todos sus actos. Cuando no lo consiga perderá confianza, se volverá inseguro e incapaz de tomar una decisión en el tiempo y lugar correctos.

Es durante la primera infancia cuando el niño desarrolla varios apegos, empezando por el apego al pecho, a la mantita y luego a sus juguetes y a pequeños objetos. Los de tres años pasan por una fase de orden que puede confundir a los padres. Estos han de darse cuenta de que ello no es una conducta obsesiva, sino un intento natural por parte del niño de organizar su mundo de posesiones familiares y amadas. Empezando por su apego al pecho, el niño ve todas las cosas como parte de sí mismo, como "lo mío". A medida que su consciencia se expande y empieza a distinguir entre él y los demás, aprende a entender la diferencia entre "lo tuyo" y "lo mío". Ocurre con frecuencia que los padres obligan a sus hijos a compartir sus juguetes cuando todavía son demasiado egocéntricos para poder entender lo que significa compartir. El egocentrismo de un niño no es lo mismo que el egoísmo de un adulto, es una etapa por la cual los niños pasan de forma natural. De hecho, forzar a un niño a compartir tiene un efecto negativo, el niño se vuelve resistente y no aprende lo que es el verdadero dar sin egoísmo. Al principio los niños se relacionan unos con otros a través del juego paralelo, es decir, no juegan juntos en grupo sino uno al lado del otro, cada uno en su propio espacio y ocupado en su propia actividad. Si se instalan las zonas de juego respetando estas fronteras hasta que se sientan suficientemente seguros como para compartir sus juegos y juguetes con los compañeros, llegarán a ello de forma natural. Una de las mejores formas de introducir este compartir es hacer que el niño prepare y ofrezca comida a otro niño. Por ejemplo, en algunas guarderías se anima a los niños a preparar por turnos trozos de fruta y dárselos a los demás, una experiencia así permite a un niño dar con orgullo lo que él mismo ha preparado. Cuando llega a los tres años el niño empieza a descubrir la alegría de la amistad con los de su misma edad. A los cinco años disfruta de jugar en grupo con reglas elementales que todos respetan de forma escrupulosa.

Es también durante esta etapa de los dos a los cuatro años cuando el niño desarrolla el deseo de controlar su entorno. Como consecuencia de ello le encanta participar con los adultos en tareas domésticas sencillas como secar platos, limpiar zapatos, verter líquidos, abrochar botones o subir cremalleras. Si bien estas actividades pueden parecer insignificantes ayudan a desarrollar finas habilidades motoras y enseñan al niño discernimiento y las consecuencias naturales de sus acciones. ¿Qué mejor modo hay de explorar los principios básicos de la química y de la física que hacer un pastel con mamá?. Horas valiosas de juegos creativos se pueden sacar de sencillas tareas en la casa o en el jardín, si se tiene uno. Estas actividades también permiten a los niños imitar la conducta de sus padres. Es en esta etapa cuando el niño se identifica con sus padres, con la televisión y con los personajes de los tebeos. Su mente es absorbente e imita el habla y los gestos de los adultos que le rodean. Esto es un desafío para los padres porque todos sus modos de actuar -tanto los positivos como los negativos- son adoptados por sus hijos. Los padres deberían conversar sobre esto y examinar de forma abierta y recíproca sus actitudes y su conducta, sin ninguna crítica, para ponerse de acuerdo acerca de cómo actuar conjuntamente y dar así a sus hijos un ejemplo a seguir.

Un niño recibe información a través de los cinco sentidos -el olfato, el gusto, el tacto, la vista y el oído. La función básica de los sentidos es permitir discernir entre los objetos del mundo exterior. Los sentidos de un niño han de estimularse pero sin exceso, de tal forma que pueda aprender a controlarlos. La educación sensorial le enseña a distinguir los colores, los matices, los sabores, los olores, las texturas y los grados de tamaño, peso, sonidos y tono. Poder hacer estas distinciones le capacita para utilizar los objetos del mundo para su propio disfrute. Al principio tan sólo hay que darle unos pocos objetos en vez de un montón de cosas que confunda su poder de elección. así puede ir eligiendo por si mismo y tener experiencia de lo que es el éxito.

El miedo es uno de los mayores obstáculos al crecimiento. Desde el principio se enseña a los niños a tener miedo de un montón de cosas y se les da una serie de "noes": "no hagas esto, no te acerques al fuego, ni a los enchufes, ni al coche" el pobre niño no sabe donde ir. Durante la primera infancia se suelen desarrollar fobias a medida que su imaginación se despierta, los niños viven rodeados de miedos imaginarios. Sea cual fuera el miedo, a la oscuridad o a los fantasmas, ello proviene de la imaginación y de la inseguridad. Seguirá creándose miedos durante toda su vida a menos de que se le enseñe a examinarlos.

Por ejemplo, sería bueno llevarle a la habitación oscura a la cual tiene miedo y enseñarle, a base de dar al botón de la luz, que él mismo tiene el poder de crear la oscuridad y que ésta no alberga nada que le haga daño.

Los sueños también pueden crear miedo. No es necesario llevar a un niño que tenga pesadillas al psicólogo ni al psiquiatra. En vez de esto los padres han de hablar de las pesadillas con el niño que las tiene, de modo que pueda entender la diferencia entre la realidad y los miedos imaginarios. Estas conversaciones tienen un doble propósito: animan al niño a expresar sus sentimientos y permiten a los padres entender la fuente del miedo que el niño tiene, de tal modo que le ayuden a trascenderlo. Cuando los padres entienden los sueños de sus hijos, pueden ser más conscientes del nivel y del modo de sus procesos de pensamientos.

Hay algunos peligros reales para los niños. Tal vez el mayor de ellos sea el "peligro de los extraños". Cuando el niño es pequeño confía ciegamente en quien le da juguetes o caramelos. Pero cuando empieza a explorar el mundo de forma independiente hay que hacerle entender que no todos los adultos son como su familia. Ha de aprender a distinguir entre los extraños y los que son conocidos y de los que se puede fiar, sin por ello tenerles miedo alguno a los extraños.

Tal vez la cualidad más encantadora de la primera infancia sea la habilidad del niño para perdonar. Se puede decir que el niño perdona a causa de su memoria no sofisticada y su falta de sentido de causa y efecto. Pero también perdona porque es confiado, inocente y cariñoso por naturaleza. El perdón es esta cualidad que, si se cultiva desde el principio, puede ayudar a un niño a no rumiar agravios sino a ser siempre feliz y abierto a las siguientes experiencias. Hay mucho que aprender de la sonrisa espontánea del niño.

Las madres de niños de cuatro a siete años han de dedicar tiempo a hablarles de sus sentimientos. Hay que animar a los niños a expresar sus sentimientos hacia alguien a quien quieren y esta persona ha de escuchar con suma atención. Cuando se escucha y se habla a un niño en esta etapa se le da un sentido de identidad y de valía. Cuando el niño está serio, de una forma que no es habitual, los padres han de hablarle con cariño e intentar descubrir la razón de este estado pensativo. El niño a quien se escucha aprende a escuchar, y el niño que tiene permiso y libertad de expresar en palabras lo que siente no necesita expresarlo con una rabieta. Los niños son puros de corazón y tan sólo reaccionan. Si les llamas tontos, te llamarán también tonto, y si les dices que les quieres, te dirán también que te quieren. No hay nada negativo en sus mentes, son puros ecos. Necesitan tiempo para jugar, un sitio donde excavar tesoros, un pequeño jardín -incluso si sólo es una jardinera con cuatro macetas- una mascota (si los padres tienen suficiente dinero para ello), material para garabatos y dibujos y un hogar donde sus amigos sean siempre bienvenidos.

Se dice que la mejor manera de paralizar las ideas creativas es reírse de ellas, ignorarlas o condenarlas. Hay que dejar a los niños pensar, saber y discutir. Padres y profesores han de aprender a provocar las mentes de los niños de forma que empiecen a pensar y a saber más, esto se llama provocación agradable. Hay siempre que hablar de forma inteligente a los niños. Gandhi solía pasarse dos horas diarias hablando con niños y consideraba estos momentos como los mejores de su vida.

Llegar a tener problemas con la infancia ocurre a menudo a causa de la negligencia, de la ignorancia y de la falta de atención de los padres y de los hermanos mayores. A veces, padres tontos quieren más a uno de sus hijos que a los demás. A veces abrazan a uno y hablan mal de otro. Esto no es bueno. Cuando un miembro de la familia considera que uno de los niños es una oveja negra, éste llega a creerse que no está a la altura de sus hermanos. Los padres aumentan esta falta de autoestima cuando le regañan y le comparan de forma desfavorable con sus hermanos. De hecho esto es peligroso para todos ellos. Alabar inútilmente a un niño alimenta su ego, por otra parte condenarle, y más aún si es delante de otros niños, crea un complejo de inferioridad en su mente y en su corazón.

Problemas similares pueden también surgir de los profesores en el colegio. A veces a los profesores no les gustan ciertos niños y los discriminan, si esto ocurre es importante que los padres vayan al colegio a hablar de ello. Los niños son niños y han de ser bien tratados, cuando tienen pesadillas puede que en estos sueños se les aparezcan profesores ceñudos que les regañan o les pegan. He observado a unos niños que mientras dormían podían recitar poemas que habían aprendido en el colegio o reproducir diálogos que habían tenido con alguien, estos sueños indican que el niño está bajo estrés.

Aunque soñar puede ser una terapia profunda no hay que animar a los niños a convertirse en soñadores. Hay otra clase de ensoñación que es pura fantasía y ocurre en la vida diaria. Cuando sea que los niños fantasean, o cuando lo que dicen está influenciado por alucinaciones, los padres deberían explicarles la diferencia entre lo que es real y lo que no. Si esto no se hace, los niños se vuelven apáticos y se meten en un mundo de fantasía en vez de ser brillantes, y de estar alegres y alerta. Los niños retraídos nunca llegarán a ser personas prácticas y con la cabeza sobre los hombros. Los niños viven en un mundo especial y crean una realidad que les es propia. Si esta realidad coincide con el mundo real hacen inmensos progresos, pero si pierden contacto con el mundo objetivo permanecen en su propia realidad y desarrollan problemas de comunicación que obstaculizan su progreso. Un niño que es incapaz de comunicar, aunque tenga un cuerpo sano y una buena educación, no podrá comunicarse más tarde, cuando sea adulto. Primero los niños necesitan relacionarse con los hechos del mundo objetivo, esto les da una base sólida sobre la cual establecer su imaginación. Las fantasías que no se relacionan con la realidad, y las alucinaciones, no son sanas para su crecimiento. He visto a muchos niños que tras disfrutar de estas fantasías se volvieron introvertidos e incapaces de comunicar de un modo coordinado y realista ni con otros niños ni con los adultos. Cuando los demás niños se burlan de un niño así, él empieza a compararse con ellos y se pregunta qué es lo que hay en él que está mal. Esto crea un complejo de inferioridad y un serio problema de culpabilidad en su mente y en su corazón.

A medida que el niño madura puede ocurrir que los adultos cuenten con él para cuidar de sus hermanos pequeños, hacer cosas para la comodidad de los adultos e impedirle jugar para que haga ciertas tareas. Esto tan sólo introduce resentimiento en el corazón del niño. La niñez se acaba de forma prematura para estos niños que están forzados a hacerse responsables a edad temprana. Los niños son personitas que vienen a nosotros como invitados, no son sirvientes ni extensiones de los egos de sus padres. Primero hay que enseñarles a ajustarse a la familia y luego a la sociedad.

Junto con las virtudes desarrolladas en la niñez, el niño también puede adquirir ciertos hábitos negativos que crean serias barreras a su crecimiento. La época más peligrosa es de los siete a los catorce años. Es cuando el niño puede crearse hábitos de falta de respeto, como usar un lenguaje soez, dar apodos insultantes, poner a los demás en ridículo y dañarse a sí mismo. Estos hábitos incluyen también mentir, engañar, robar, masturbarse y tener una actividad homosexual. Esta clase de hábitos no debe considerarse como normal. Hay que explicar al niño el efecto perjudicial de estos hábitos, si no continuarán durante toda su vida. Por supuesto, los niños experimentan muchos tipos de conducta, pero hay que enseñarles a no hacer cosas que formen hábitos o que dañen su salud física o mental. Tanto las chicas como los chicos son víctimas del impulso misterioso, prematuro y dañino de la masturbación, la cual incita a una curiosidad indebida y anima a buscar a otro niño o niña con quien compartir este fenómeno. Muchos psicólogos en Occidente consideran que estos hábitos no hacen daño, pero se equivocan. Opiniones tan inmaduras son parte de la sicología occidental que todavía está por desarrollar. Llega un momento en que los chicos y las chicas empiezan a guardar secretos y dejan de decirles todo a sus padres. Muchos padres no hablan con sus hijos acerca de los impulsos sexuales, en Oriente conversaciones así están prohibidas a causa de los tabúes de la sociedad. Sin embargo si el instinto sexual permanece siempre suprimido, estas represiones dominarán la vida del niño cuando se hace adulto. Dichas represiones se manifiestan luego en la vida de muchas formas –como enfermedades, obsesiones, complejos o tartamudez–. La teoría de Freud acerca de la sexualidad es acertada en parte. La búsqueda de la identidad sexual forma una gran parte de la personalidad del niño, es decir, hablando en términos genéricos, un niño siente una diferencia entre él y los niños del sexo opuesto. A los chicos no les gusta que se les tome por chicas, ni a las chicas por chicos. El deseo de identidad sexual y de aceptación significa que cada uno entiende de forma inconsciente su diferencia y esta diferencia es la base de los impulsos sexuales. Es mi opinión que al menos uno de los padres debería tener suficiente amistad y confianza con sus hijos como para poder explicarles el amor y la sexualidad. Esto se ha de hacer de una forma suave y cariñosa a través de historias estimulantes de grandes seres humanos, para ayudar a entender al niño que ciertos hábitos son perjudiciales. No hay que decirle nunca a un niño que sus impulsos y sentimientos son malos y que no debe tenerlos. Los padres han de hacer todo lo que puedan para animar al niño a no ser tímido, sino a comunicar con libertad todo lo que siente. En la sociedad moderna hay una preocupación acerca de la sexualidad y una presión para que los niños despierten a ella a una edad temprana. Así es como se desarrolla un patrón que tiene un elemento de juego sexual y de conversación acerca del sexo con una conducta de flirteo y una tensión que va en aumento. Esta excitación daña y agita el sistema nervioso del niño y se va asociando con los individuos cuya forma de pensar, de hablar y de actuar han provocado estas reacciones. Pero los niños todavía no tienen la madurez suficiente para manejar los sentimientos y las tensiones creados por esta presión sexual de la sociedad.

Tanto la tendencia a suprimir las emociones como la de expresarlas sin entender su naturaleza crea mucha confusión en los niños. En este mundo moderno se necesita una educación que les ayude a entender su sexualidad y los cambios que están sintiendo. También hay que enseñarles lo que les perjudica y lo que no les perjudica. Para ayudar a los niños, los adultos han de darse cuenta que éstos están expuestos a ciertas influencias a través de los medios de comunicación y de los programas de televisión y han de vigilar qué es lo que sus hijos reciben, porque están continuamente bombardeados por estos estímulos y no pueden aguantarlo bien. Lo que es esencial para un niño es recibir una guía amistosa y constante, especialmente durante la pubertad. Hay que enseñarles a sublimar y canalizar sus deseos a través de sustitutos aceptados socialmente, de tal forma que no lleguen a experimentar las frustraciones profundas que al principio parecen personales pero que más tarde se relacionan con los demás.

El período mejor y más importante de la vida es la niñez y si se plantan entonces las semillas correctas el ser humano puede crecer y desarrollarse.

IV.

La Educación

El propósito de la educación no es sólo alcanzar la iluminación y la salvación, sino también enseñar cómo portarse en la sociedad. La niñez es la mejor época para recibir una educación básica y verdadera. No estoy hablando de la educación que proviene del colegio o de los libros de texto, me refiero a la educación que proviene del entorno. Los niños aprenden a base de observar su entorno y la conducta de los que les rodean, luego de forma natural imitan lo que han observado. Esto es la educación a través del ejemplo y empieza en su casa donde la madre y el padre son sus primeros maestros. Por lo tanto es muy importante que los padres creen un entorno adecuado en su hogar. Cuando este entorno es inestable y la gente adulta padece confusión y depresión, los niños no pueden recibir una educación correcta.

Los padres suelen cometer dos errores muy serios en la crianza de sus hijos. El primero es intentar hacer que sus hijos les imiten. "Haz como nosotros" les dicen. Se refieren a los modales y a la etiqueta. Esto es imitación pero no es educación. Decirle a un niño que haga algo, no es la mejor manera. Está en la naturaleza infantil imitar. Imitará a su madre justo como ésta imitó a la suya. La mayoría de los niños cogen el acento de sus padres y profesores porque imitan de forma natural.

Cuando se trata de entrenar a un niño no hay diferencia entre oriente y occidente, los niños son niños y lo que necesitan son buenos ejemplos a seguir. Desgraciadamente hoy los padres no son modelos para imitar. Este es su segundo error. En estos tiempos modernos los padres no enseñan a sus hijos las principales responsabilidades de un ser humano. Si los niños por naturaleza nacen egoístas ¿cómo les pueden ayudar sus padres?. Lo que tendrían que hacer es actuar sin egoísmo para que sus hijos aprendan de ellos a no ser egoístas. Pero si los padres son egoístas ¿cómo van a aprender los niños a no serlo? Los que quieren tener hijos y los que ya los tienen deberían aprender a dejar su egoísmo para darles un buen ejemplo. A su vez los hijos serán entonces capaces de impartir el mismo conocimiento a sus propios hijos. Los padres han de entender que dejar el egoísmo es una expresión de amor y han de tener mucho cuidado con la forma de comportarse ante y con sus hijos porque ellos los van a imitar y seguirán su ejemplo. Esto es muy importante. Cuando los padres son buenos ejemplos para sus hijos, éstos los imitarán y crecerán felices, sin miedo ni egoísmo.

Cuando un niño llega a la edad escolar los padres renuncian a su papel de educadores y dejan la educación en manos de los colegios. Pero los profesores tendrán muchas dificultades si los padres no han cumplido con sus deberes. Cuando el niño llega a esta edad puede ser muy testarudo y negarse a aceptar las cosas como son. Sólo acepta las cosas como quiere que sean. Esto crea un serio obstáculo a la facultad de aprender y se hace muy difícil para los profesores tratar con los pensamientos y hábitos negativos de un niño así.

La educación escolar es algo que ha de expandir todas las experiencias del niño y ponerle en contacto con un círculo más amplio de adultos con capacidad de amar. Sin embargo la mayoría de los padres y profesores no se unen para establecer un sistema de educación que cumpla con esta meta, en vez de esto se ignoran mutuamente o están en desacuerdo. Esta clase de conflicto en el mundo adulto que rodea a un niño produce en su mente mucha confusión de valores. ¿A quién ha de creer, a sus padres o a sus profesores?. ¿A quién ha de aceptar como autoridad?. Tener que vivir con un conjunto de reglas en casa y con otro conjunto de reglas en el colegio confunde mucho a un niño.

De hecho lo que llamamos educación escolar básicamente no es otra cosa que memorización. Expuestos a algo así ¿cómo puede un niño desarrollar su potencial?. La enseñanza moderna crea una mera capa superficial en la mente. Su enfoque está puesto en memorizar hechos del mundo exterior, ignora el crecimiento y el desarrollo del ser interior. Una enseñanza así crea conflictos internos y a menudo es una verdadera barrera para la facultad de discernir, frena la habilidad del niño para tomar decisiones e impide su progreso.

La educación escolar moderna en oriente tiene el mismo defecto que en occidente, sólo sirve para entender y tener éxito en el mundo exterior, el mundo de los medios. No sirve para conocerse a Sí Mismo.

Tan sólo ofrece los medios para estimular la vida exterior del niño y falla en la exploración del conocimiento interior. Así el niño recibe la impresión de que nada de lo que viene de dentro tiene valor y que la clave de todas las cuestiones de la vida proviene de fuera. Se vuelve dependiente de los pensamientos, opiniones y creatividad de los demás, en vez de desarrollar su propio reino interno de creatividad. El verdadero propósito de la educación es la adquisición del auto-control de los propios niveles físicos, emocionales y mentales. Pero hoy día tanto padres como educadores consideran que la mente es tan sólo un agente recolector o un computador para almacenar hechos, que no se relacionan con el niño y que nunca pueden experimentarse directamente.

Desde el principio se nos señalan nuestros errores. Cuando vamos al colegio el profesor no para de repetirnos: " esto está mal, está mal, está mal". Se le olvida señalarnos lo que hemos hecho bien. Así aprendemos que cometemos errores. Cuando se nos cría en tanta negatividad la copiamos y formamos el hábito de pensar de forma negativa. Constantemente repetimos en nuestra mente: "No tengo remedio, soy incapaz, siempre me equivoco". En el colegio mis profesores solían corregir mis errores, pero rara vez señalaban que había hecho algo bien o escrito algo bueno. Cuando un profesor corrige un error debería también decir: "eres un buen estudiante, esto y esto está bien hecho. Venga ¡ánimo!" Pero los niños no suelen recibir este tipo de educación. Todo el mundo está dispuesto a decirles lo que hacen mal pero nadie habla de sus cualidades positivas. Por otra parte, tanto padres como educadores han de tener cuidado en evitar que el niño dependa de su aprobación y de sus alabanzas-.

Enseñar es una habilidad que ningún programa de entrenamiento puede transmitir. La disciplina es una parte importante de la educación escolar, pero los profesores suelen estar demasiado influenciados por su propio autoritarismo y por su propio egocentrismo. Algunos profesores proyectan sus frustraciones sobre los estudiantes en la clase e imponen su autoridad de una forma demasiado rígida. No deberían olvidar nunca que los niños aprenden a través del amor más que por la imposición de disciplinas rígidas. Un profesor puede ser una influencia positiva a base de ser cariñoso y de servir de ejemplo en vez de ejercer fuerza sobre el niño. Tan sólo cuando el profesor se convierte en un ejemplo para los estudiantes éstos empiezan a aprender. Ha de preparar clases interesantes y estimulantes que sirvan de experiencia directa y luego evaluar esta experiencia justo como un científico aprecia los resultados de un experimento. Después de haber expuesto de forma clara y sencilla lo que hay que hacer debería de hacerse a un lado en silencio para que cada estudiante tenga su propia experiencia.

El concepto de internado solía ser ajeno a la cultura hindú. Se adoptó del sistema educativo británico y ahora en la India hay niños que se mandan internos a colegios. Este tipo de experiencia educativa tiene aspectos positivos y negativos, pero no se debería nunca mandar a un niño a un internado antes de cumplir los diez años. Los profesores de un internado han de observar con atención todos los diseños de hábitos de los estudiantes para poder darles orientación individual según sea necesario.

No todos los niños se desarrollan al mismo ritmo, sin embargo padres y profesores tienen la expectativa de que crezcan de forma uniforme. Entre los cinco y los siete años hay niños que empiezan a mostrar signos de no aguantar la presión que se ejerce sobre ellos. Desgraciadamente estos niños que no van al mismo ritmo que los demás suelen ser considerados como lentos en aprender. Sin embargo, con excepción de unos pocos niños que sufren de incapacidades mentales debidas a daños cerebrales o de defecto congénito, muchos de ellos no son lentos en absoluto. Cuando se pone en marcha un programa que no coincide con las necesidades de estos niños, se les considera fracasados y poco inteligentes, cuando en realidad es el programa el que es un fracaso para ellos. El sistema hindú de educación escolar no ha desarrollado un método para enseñar a niños que tienen dificultad para aprender, se les considera simplemente inferiores a los demás. Esta actitud no es justa porque cada niño tiene sus propios talentos y no hay dos que tengan exactamente las mismas habilidades. Hay muchas otras maneras de hacer que estos niños desarrollen su potencial y se expresen de forma creativa. Padres y profesores deberían estudiar los talentos individuales de cada niño y ayudarles a desarrollar sus propios dones. Deberían entender que muchos niños pueden lograr más con sus manos que con sus estudios académicos.

De hecho hay un verdadero caos en el mundo entero en lo que al sistema educativo se refiere. Lo que se imparte en el mundo con el nombre de educación escolar favorece sobre todo al ego. Esto puede servir para el mundo exterior, pero no conduce a la plenitud interior ni a la satisfacción. Hemos de aprender a organizar nuestra sociedad e impartir esta educación que es vital, orgánica y muy práctica. Esto no es la tarea de un solo individuo ni la de una sola raza país o nación, esta es la tarea de toda la humanidad. Cuando despertemos y seamos conscientes de la existencia de los demás entonces es lo que empezaremos a hacer. Todavía no hemos alcanzado este nivel.

En los tiempos antiguos de la India se educaba a los niños en "gurukulas" y la educación espiritual era una parte muy importante del currículum. En los gurukulas las relaciones profesor-estudiantes era mayor que la de padres-hijos. El profesor siempre consideraba que un estudiante era más que un hijo. En las escuelas modernas esta consideración no existe y sólo impera un concepto técnico de la educación. Así los niños aprenden hechos, pero pierden la sensibilidad para expresar sus sentimientos e ideas. La expresión es la aplicación práctica de hechos, una habilidad que el niño necesita para el futuro. La clase profunda de disciplina utilizada en los gurukulas incluían todas las actividades diarias de los niños las veinticuatro horas del día, cómo sentarse, cómo andar, cómo hablar, cómo ser fuerte y protegerse y cómo dar amor. Estas lecciones prácticas se han perdido en los métodos modernos de los parvularios.

No podemos volver al pasado, pero no deberíamos olvidar los aspectos positivos de la educación en la antigüedad. Al mismo tiempo no hemos de perder contacto con nuestros descubrimientos e invenciones modernos. El sistema de los gurukulas puede no ser algo práctico en el mundo de hoy, pero se puede adoptar una forma más holística de educación. Esta forma pone tanto el énfasis en el desarrollo espiritual como en el progreso de los aspectos intelectuales e incluye el conocimiento de cómo mantener la salud y la buena forma del cuerpo físico. Nuestro sistema educativo debería ser una mezcla de métodos probados en la antigüedad y de información moderna.

La educación es muy importante. Los niños necesitan tener buenos ejemplos que seguir, pero muchas veces no los encuentran y por eso tienen dificultades en el colegio. Los niños necesitan guía. Un niño crece con la educación ambiental, la que se imparte en casa y la que se imparte en el colegio.

La infancia es algo grande. En la infancia la mente es pura, tierna y receptiva. Si los niños reciben una buena educación, ejemplos carentes de egoísmo y se les da amor, crecerán y se convertirán en excelentes ciudadanos. Entonces el mundo brotará como una flor.

V.

La Disciplina

Si hoy día los niños se comportan como salvajes no es por sus propios errores sino porque no les han dado el amor y el cuidado necesarios, no se les ha enseñado con el ejemplo. Los problemas que vemos hoy en la joven generación provienen de nosotros. Sus problemas emocionales no son suyos, son nuestros.

Los padres crean problemas emocionales en sus hijos porque los niños aprenden imitando. Aprenden de sus padres y reciben sus modos de hablar y de pensar. En vez de enseñar a sus hijos los padres les transmiten sus problemas. Como padres habéis de sacrificaros por vuestros hijos y dedicarles más tiempo, de tal modo que en vez de crecer a su aire puedan encontrar algún interés en la vida. Cuidáis de vuestros hijos porque pensáis que son vuestra posesión y no porque son niños. Decís: "eres mi hijo, me has de escuchar y de obedecer". Hay que cambiar este concepto, de lo contrarios descubriréis que el sistema familiar se va a deteriorar poco a poco y tardará mucho en volver a construirse. Son vuestros hijos y necesitan vuestra ayuda y vuestro apoyo. No podéis enseñar a los niños por imposición sino mediante el ejemplo, necesitan ejemplo y necesitan amor. Por desgracia no es lo que obtienen. Cuando los padres permanecen ocupándose de sus propios asuntos de forma egoísta e ignoran a sus hijos, éstos inevitablemente sufren.

En occidente se deja que los niños crezcan como la hierba, sin disciplina. Aunque se les da muchas cosas materiales como buena ropa, una habitación llena de juguetes, y muchos pasatiempos modernos, sus padres no tienen tiempo para entenderlos. Desde el principio, incluso los mejores padres les dejan al cuidado de una "canguro". Padre y madre se creen que tienen que trabajar porque sus vidas están controladas por la economía moderna, incluso si la madre tiene tiempo libre está ocupada con sus compras y sus diversiones. Es una tendencia de la mente moderna dejar a los niños con "canguros", y las madres se creen que están haciendo un trabajo fantástico al educar a sus hijos como lo hacen. Los padres están tan ocupados que no tienen tiempo para sus hijos, les dan todo excepto amor. La consecuencia es que cuando los hijos crecen les dan una patada. Os digo esto porque he estudiado estas cosas en profundidad. Mi corazón está con la generación más joven, cuando la veo rebelde y salvaje no la culpo. Si los jóvenes no creen en la disciplina es porque no hay ejemplo de disciplina en su vida, falta la sabiduría que sirve para su crecimiento y desarrollo; la experiencia y el conocimiento que los padres deberían impartir no está. Los hijos saben que sus padres tienen más experiencia y conocimiento que ellos, pero los padres no saben como impartirles estas cosas. La consecuencia es una gran falta de comunicación y respeto. Algunos niños se vuelven egocéntricos y no quieren oír nada de sus padres ni de ninguna otra persona. Dicen que temen hablar con sus padres porque tienen miedo a que les peguen, que le tienen miedo a todo aquel que ostente autoridad. Se vuelven testarudos, no quieren escuchar a nadie sino experimentarlo todo por sí mismos. Así pueden llegar a tener graves problemas y a veces se convierten en víctimas de ciertas cosas de las cuales no podrán liberarse en toda su vida.

Por otra parte los padres tienen demasiadas expectativas para sus hijos y se quejan de no poder comunicar con ellos. Culpan a la nueva generación de la falta de comunicación, pero algo le ha ocurrido a su propia generación. El padre lo intelectualiza todo y no consigue ponerse al nivel del niño, así que no puede comunicarse con él. La madre permanece en un estado emocional que le hace creer que el niño ha de hacer todo lo que ella quiere que haga. He visto a muchas mujeres descargar sus propias frustraciones sobre sus hijos. El día en que la madre ha tenido una discusión con su marido, los niños cobran. Esto ocurre también con el padre. Ambos padres proyectan los problemas personales sobre sus hijos. Cuando los niños dicen que quieren algo la madre les manda callar y se pone a criticar al padre, esto es muy frecuente en nuestra sociedad. Muchas madres piensan que sus hijos no pueden ser entrenados. Esto no es verdad. Todos los niños pueden educarse. Cualquier madre que sea un poco inteligente puede fácilmente entender a su hijo y educarle. En el reino animal un caballo que no ha sido disciplinado correrá en todas las direcciones. Este mismo caballo, si se le entrena bien, irá por donde su jinete quiera. El mismo poder, la mismísima fuerza que va hacia la disipación, puede ser regulada y orientada en la dirección correcta. Los padres que no entienden esto no saben cómo orientar la conducta de sus hijos.

Las enseñanzas que se imparten a la infancia son ridículas y así lo son para toda la vida. Desde el principio hay represiones y supresiones. La palabra más repetida es "no". Una vida llena de "noes" está también llena de miedos y esto es el mayor obstáculo para el desarrollo. Cuando no se deja a los niños jugar o ser creativos su curiosidad natural, que es un gran factor de aprendizaje, se apaga. No conviene decirle constantemente a un niño "no hagas esto", "no hagas lo otro" ni "haz esto", "haz lo otro". Hay que dejar a un niño crecer libremente para que sepa, sienta y entienda. Llorar, sonreír y reír son sus expresiones más frecuentes. Si no se le deja expresar sus emociones -llorar, reír o divertirse- no crece de forma correcta. Cuando su crecimiento se detiene es porque ocurre algo que los padres no entienden. Éstos han de observar sus propios fallos en vez de considerar los de sus hijos.

El hogar ha de ser un campo de entrenamiento lleno de amor dónde los niños puedan dar rienda suelta a su espontaneidad, hacer trastadas o gritar sin miedo. Entonces podrán llegar a la cumbre de su creatividad. Pero si esto se suprime desde el principio ¿cómo pueden crecer? Un niño sin imaginación es como un maniquí en una tienda, bien vestido pero sin vida. Marionetas así no contribuyen a la sociedad con nada creativo. Cuando se mata en los seres humanos la espontaneidad creativa son simples réplicas unos de otros, y en vez de pensar por sí mismos tan sólo hacen lo mismo que los demás.

En vez de crear un entorno libre y agradable, los padres pueden llegar a pegar a su hijo con ira. Le dicen que no haga una cosa y si no les hace caso le regañan con furia. Muchas veces el niño no sabe ni porqué le regañan y esto le produce confusión y conflictos para toda la vida. Regañar con irritación sólo crea miedo, culpabilidad e impide la comunicación con los padres y con otros niños. Las terribles pesadillas que tienen algunos niños son la evidencia de este modo de vivir. El miedo invita al peligro, inhibe la fuerza interior y viola la ley de la dignidad humana. Sentirse culpable es un grave obstáculo al crecimiento y los niños que se sienten culpables son débiles y tímidos, no se comportan de forma libre y espontánea. Entonces se ponen a mentir. Así es como se forman hábitos dañinos y duraderos en el periodo de la infancia.

Muchos padres se quejan de que sus hijos son destructivos, yo lo veo de forma diferente. Si en sus experimentos un niño rompe un objeto antiguo y valioso, no importa. No pueden entender por qué los adultos le tienen tanto aprecio a este objeto, de modo que si rompen algo, no quiere decir que sean destructivos, su tendencia es estar alegres y descuidados y nunca hay que tratarles con crueldad o brusquedad. Los primeros cinco a siete años de la vida son los más tiernos y los más importantes. Es un periodo durante el cual los padres no deberían nunca ser duros ni rígidos con sus hijos. Un exceso de rigidez demuestra que los padres ignoran el hecho de que cada niño tiene su propia personalidad. La rigidez conlleva aburrimiento, resentimiento y rebeldía en un niño. El trato brusco, la crítica continua, la falta de consideración y el castigo frecuente dañan la personalidad del niño. Igualmente perjudicial es el hecho de que los padres sean gruñones aún con la mejor intención.

Nunca se debe pegar a un niño, ni faltarle al respeto. Cuando se pega a un niño puede que no repita la trastada que ha hecho, pero el resentimiento crecerá en su interior y entonces hasta puede que se vuelva realmente destructivo. Nunca se debe utilizar la fuerza ni la violencia con un niño. Si no queréis que vuestro hijo pegue a los demás niños ¿Por qué le pegáis? La violencia significa que carecéis de auto-disciplina y de auto-control. Cuando los padres expresan sus emociones sin auto-control, sus hijos no aprenden tampoco a controlar sus emociones ni a utilizar su poder emocional de forma positiva. Cuando el resultado es que vuestros hijos os molestan estáis mostrando vuestra debilidad.

Un niño enseña mucho. Aquello que no podéis aprender de vuestros profesores o de los demás, lo podéis aprender de un niño. Él está intentando enseñaros: "Venga, mamá, no seas débil, sé paciente, aprende a manejar la situación". Si no aprendéis esto, entonces no estáis cumpliendo con vuestro deber. Es fácil perder los estribos y gritar a los niños, pero es mejor hablarles y ayudarles a entender por qué ciertas conductas son incorrectas. Si en vez de castigar al niño los padres conversaran con él y le hicieran entender sus objeciones, tal vez dejaría de romper las cosas de la casa. En la misma línea los padres han de tener tiempo para escuchar a sus hijos y respetar sus ideas, opiniones y actitudes.

El mandamiento: "di la verdad", es una fuente frecuente de conflicto en el intento de disciplinar a los niños. Los adultos le imponen este mandamiento sin enseñarles jamás lo que es la verdad o cómo decir la verdad. El padre dice: "es tarde, vamos todos a la cama ", y cuando los padres se creen que los niños están dormidos, salen y se van al cine. Esto mismo ocurrió cuando era yo huésped de un oficial en Delhi. Él y su mujer me dijeron: "los niños duermen y ya son mayores, no le van a molestar. Nosotros nos vamos al cine. Que los niños no se enteren". Les aseguré que no se lo diría pero les dije que eso no era una forma adecuada de actuar. De hecho estos niños tan sólo fingían estar dormidos, y en cuanto los padres se fueron vinieron a proponerme que nos pusiéramos a gritar lo más alto posible. Les pregunté por qué y la contestación fue: "cuando ellos quieren gritan, pero si gritamos nos pegan. Además nos mienten, así que vamos a gritar.". De manera que nos fuimos a la terraza en lo alto de la casa y armamos un gran griterío. Los vecinos no daban crédito. Algunos guardias miraban cómo un swami y cuatro niños hacían todo ese ruido a las diez de la noche. Les dije: "estoy jugando con estos niños ¿por qué no jugáis con vuestros hijos? ¿por qué irse a divertir al cine?. Nosotros nos divertimos aquí".

No importa cuanto mentís, lo que no queréis es que vuestros hijos no os mientan. "Di la verdad o te pego". Pero los niños son muy sensibles y observan con mucha atención la conducta de sus padres. Saben que éstos mienten con frecuencia, su padre a su madre y viceversa. Se preguntan por qué es válido que sus padres mientan y ellos no. Por ejemplo si los adultos no quieren recibir a alguien mandan al niño a decir que no están en casa. Eso le supone mucha confusión, crea un serio problema en su mente y en su corazón y después de algún tiempo empieza a perderles el respeto a sus padres. Tras oírlos mentir varias veces, él también se pone a mentir. Por ejemplo, si no quiere ir al colegio dirá que le duele algo cuando no le duele nada. Así desarrolla un hábito de mentir para huir de la realidad. Este hábito de escapar con mentiras acumula mucho sentimiento de culpabilidad en su mente, así cuando va al colegio no hace los deberes y se retrasa en sus estudios. Eso no ocurriría si los padres dijesen la verdad. Hay que dar a los niños el ejemplo de lo que es decir la verdad.

No aprendemos nada que no hayamos aprendido en la niñez. Ser bueno, cariñoso, fuerte, generoso y veraz se aprende en la niñez. Conocemos muy bien los principios de base, pero nadie nos enseña cómo practicarlos. Por eso mismo la personalidad humana está llena de conflictos. ¿Cómo se practica ser veraz? Queremos ser veraces, pero no sabemos lo que la verdad es.; queremos amar pero no sabemos lo que es el amor. Cuando los padres no practican lo que enseñan los niños no encuentran un ejemplo a seguir y esto es un problema muy serio. No solamente crea conflicto y confusión en la mente del niño, sino que le hace desconfiar de sus padres, es decir, cuando los niños no reciben el ejemplo adecuado pierden la confianza en sus padres. Por ello, éstos han de cuidar mucho su conducta. Si no mienten sus hijos tampoco mentirán. Lo mismo ocurre con el egoísmo y los padres recogerán durante mucho tiempo los frutos de lo que han sembrado. No deben crear conflictos en la mente de sus hijos, han de aprender a sacrificar sus propias diversiones y compartirlas con sus hijos en vez de ser egoístas, si no los conflictos seguirán creciendo en la mente de sus hijos y crearán muchas otras dificultades.

En mi niñez también me sentí confundido. Mi Maestro nunca me pegó, pero otras personas si lo hicieron. Decían: " di la verdad". Yo sólo era un niño pero les contestaba: "¿qué es la verdad?" Así que un día dije a mi Maestro: "Enséñame. Sé que he de decir la verdad, pero no sé cómo". Él me contestó: " la forma más simple de decir la verdad es no mentir. Si no mientes, dices la verdad. Pero si crees que dices la verdad y no sabes lo que la Verdad es, tan sólo estás fabricando tu propia verdad. Esto no es la verdad, es confusión. No hagas lo que tu conciencia te dice que no hagas. Así harás lo correcto". Mi Maestro me enseñó a no decir a la gente que digan la verdad ni proclamar que yo digo la verdad. Lo más sencillo es no mentir. La ciencia del yoga dice que uno se daña a base de mentir. Cuando tenemos miedo, mentimos. Mentir no daña tanto a los demás como a uno mismo. Cuando empecéis a practicar descubriréis que las palabras y los actos verdaderos os hacen fuertes y os permiten servir de ejemplo para vuestra familia. Los padres que cuidan lo que dicen delante de sus hijos ponen las condiciones para que éstos hagan lo mismo.

Un niño es un templo vivo. Todos los niños deberían ser amados y entrenados. Tal es el gran deber de una madre. Los niños sienten curiosidad y quieren entender el mundo. Los padres que quieren de verdad a sus hijos han de canalizar esta curiosidad en vez de detenerla o de suprimirla. La buena disciplina no daña el crecimiento de un niño, pero no se debe imponer disciplina de una forma rígida. De hecho, disciplinar a un niño significa ayudarle a hacer las cosas a tiempo y a formar buenos hábitos. Si queréis enseñarle auto-disciplina, dadle atención y cariño. Si de verás le queréis y le decís: "cariño, no hagas esto", nunca lo hará. Pero si intentáis chantajearle con una golosina aprenderá a esperar recompensas y esto más tarde será un desastre en su vida.

Aunque llorar se suele interpretar como un signo de dolor, a veces un niño llora con el fin de obtener lo que quiere. Esto es un hábito inútil y malsano que tan sólo le hace débil. Los padres no deben darle todo lo que quiere, ni chantajearle con juguetes, ni tampoco hacerle promesas que no pueden cumplir, todo ello para que se calme. Lo que tienen que hacer es discernir cuáles son sus verdaderas necesidades y satisfacerlas generosamente. Si los padres le explican que hablar es mejor que llorar, el niño no necesitará dar a conocer sus deseos a base de llanto.

Los niños necesitan aprender a sentir respeto y confianza hacia ellos mismos y a tener auto-disciplina. Les podéis ayudar a aprender estas cosas sí por encima de todo les ayudáis a sentirse amados y respetados. Cuando los niños están seguros de lo mucho que se les quiere, es fácil enseñarles auto-disciplina.

A medida que se van haciendo mayores, necesitan más firmeza y un tipo diferente de disciplina. Conviene animarles a hacerse independientes, fuertes y llenos de auto-confianza. Cuando los padres les enseñan a apreciarse a sí mismos y a encontrar dentro de ellos mismos fuerza y auto-confianza, les están ayudando a evitar caer en las tentaciones del mundo moderno, por ejemplo en las drogas. Si queréis ayudar a vuestros hijos a no consumir drogas, amadlos y ayudadles a hacerse fuertes. Llegará el momento en que entenderán que los amáis de verdad, que vuestras intenciones son buenas y que tan sólo queréis que crezcan. Entonces sabrán cómo hacer frente a las tentaciones.

Los niños siempre han de ser tratados con respeto y afecto. Toda la esencia de la disciplina está envuelta dentro de una cosita que llama Amor.

VI.

El Amor

Todos los padres tienen un deseo universal: ver a sus hijos felices. Pero todavía no se ha encontrado una definición de la felicidad, ni para los padres ni para los hijos. El lenguaje de la niñez es profundamente sencillo y está lleno de silencio significativo. Todos los niños hablan el mismo lenguaje, el de la curiosidad y el del amor sin inhibición. Tanto en oriente como en occidente los padres han olvidado este lenguaje, están demasiado ocupados para escuchar, demasiado preocupados con su propio bienestar y demasiado apegados a las tradiciones sociales para entender la lengua infantil. Pero un niño tan sólo puede ser feliz si puede expresar su lenguaje interior profundo, y sus padres son su primera audiencia. Cuando los padres no están cerca de sus hijos, éstos ni les aman ni les respetan

El amor verdadero está ausente en muchos hogares hoy día, y muy a menudo lo que se considera amor de hecho es apego. El apego pone una venda ante los ojos y oscurece la realidad. El apego no es amor, porque el amor es siempre incondicional y desinteresado. Marido y mujer pueden amarse por muchos motivos: atracción física, compatibilidad psicológica y, de forma más frecuente, a causa de un sentimiento de inseguridad y de falta de integridad desarrollados en su niñez. Pero lo que se necesita es que los padres desarrollen relaciones basadas en verdadero amor para que puedan compartir este amor con sus hijos.

Un cuidado lleno de amor y de ternura debería ser el primer paso en la educación de los niños. Cuando reciben esto, entonces son auto-disciplinados y capaces de dar amor. Si se les da amor desinteresado ellos responden de forma espontánea con amor. Los adultos subestiman la habilidad de los niños para entender y responder con amor. Si de veras queréis a vuestros hijos, el primer paso a dar es enseñarles a través del ejemplo, no a través de las palabras. Los padres se creen que, a menos que les expliquen algo, los niños no van a entender y esto es falso. El mejor método de comunicación no es a través de la mente ni del habla, sino a través del corazón. Los recién nacidos se comunican de forma silenciosa e instantánea con su madre por medio del lenguaje del amor, el lenguaje más antiguo y el origen de todos los lenguajes. Cuando vuestros hijos os hablan, cuando ya son mayorcitos, os llaman padre y madre, pero los bebés que no se pueden expresar utilizan monosílabos: "ma, ma" ¿y por quién sentís más cariño que por este bebé cuya expresión es puro amor?. Más elevado y valioso que la inteligencia es el amor y es lo que más necesita un niño. Y este amor ha de ser sin sombra de egoísmo y no algo basado en la idea de que el niño es vuestra posesión. Debéis amar a vuestros hijos no porque es vuestro deber, sino porque reconocéis que son seres humanos que tienen la capacidad de hacer muchas cosas en la vida y de llegar a ser grandes hombres o mujeres para el bien del mundo. Habéis de jugar vuestro papel y hacer todo cuanto podáis por vuestro hijo reconociendo su personalidad individual y creando un entorno amoroso, acogedor y dulce que favorezca su crecimiento. Para tener la capacidad de hacer esto necesitáis algo de entrenamiento.

Muchos padres no han sido entrenados para dar y por este motivo no pueden comunicarse bien con los demás ni confiar en ellos. La vida moderna tiende a enseñar a los seres humanos a vivir sólo para sí mismos, y a utilizar las cosas que tienen o quieren tener. Esta idea de vivir tan sólo para si no es más que un concepto. Hay un modo completamente distinto de vivir que es con la comprensión de que estamos para los demás; que vivimos para ellos y que lo que queremos es servirles. El primer concepto contrae y reduce vuestra personalidad, el otro la expande. Cuando practicamos el egoísmo creamos fronteras alrededor de nosotros mismos y vivimos dentro de esta fortaleza imaginaria que hemos creado. Cuando practicamos no ser egoístas expandimos nuestra personalidad y dejamos de pensar exclusivamente en nosotros mismos. Este cuidado desinteresado y amoroso es esencial para los niños.

Hoy día la gente le tiene muchísimo miedo a la palabra "responsabilidad", pero si queremos desarrollar nuestra espiritualidad no debemos tenerle miedo al concepto de responsabilidad. La gente irresponsable es de hecho muy egoísta y la gente egoísta tiende a ser más y más irresponsable. Pero cuanto más desinteresados y desprendidos lleguemos a ser, más experimentaremos una clase de libertad que la mente no puede ni imaginar. "Responsabilidad" de hecho significa dar, significa tener la habilidad de responder. Esto es algo que deberíamos aprender en la niñez. Inicialmente los niños son muy egoístas por naturaleza, no tienen consciencia de la existencia de los demás, pero cuando se les enseña a dar desde el principio esto se convierte en parte de su vida y sienten alegría al dar. Cuando un niño aprende a amar y a dar encuentra deleite en dar sin expectativas y así más tarde, en la vida, podrá ser un líder para la sociedad.

El viajero más antiguo es el amor humano. Si estudiáis la historia del amor llegaréis a saber y a entender cómo el amor humano cambia de un objeto a otro. Cuando un niño nace, lo primero que le interesa es el pecho de su madre. Poco a poco este interés va hacia los juguetes y los castillos de arena que construye. Si destruís su castillo le duele tanto como si se os desmorona algo que consideráis vuestro. A medida que crece, su interés se dirige hacia sus compañeros y luego hacia sus estudios y sus diplomas, más tarde buscará el prestigio, la posición social y tendrá el deseo de poseer cosas que satisfagan su ego. Buscará pareja, un hogar, unos hijos. Pero finalmente uno quiere saber lo que el amor significa realmente. A veces los padres que han vivido con sinceridad se sientan y se ríen. "¿Qué es el amor?, ¿Estamos realmente satisfechos? Si, nuestra relación es satisfactoria, pero no sabemos lo que es el amor en realidad". Esto indica que aunque habéis cumplido con vuestros deberes hacia vuestro cónyuge y vuestros hijos, no habéis aprendido a amar. Es la razón por la cual seguís hambrientos y sentís que os queda algo por alcanzar. ¿Por qué?. Lo que os falta es una comprensión del propósito de la vida.

Lo que hay que enseñar a los niños antes de que se duerman es a decir: "soy fuerte, no tengo miedo a nada porque quiero a todos y no excluyo a nadie. El propósito de mi vida es servir a los demás, ayudarles y amarles". Si los niños crecieran en un ambiente así serían grandes seres humanos que servirían de ejemplo a la sociedad.

No sabemos lo que es el amor, aunque utilicemos mucho esta palabra en nuestra vida diaria. Un niño os puede enseñar lo que es. El primer amor de un niño crece entre las locuras del egoísmo, al principio, sólo le interesa su propio bienestar y como los padres satisfacen esto empieza a apegarse a ellos. En los primeros años los niños son egoístas, exactamente como los animales. Del mismo modo en que éstos no se ocupan de los demás sino que quieren comer primero, así son también los niños, su amor es interés por sí mismos y por eso aman a sus padres. Poco a poco su amor se expande y empiezan a tomar en consideración a sus padres, a sus compañeros, a sus vecinos y a su entorno. Pero desde el principio están centrados sobre sí mismos y si no se les enseña a dar, esta actitud tan enraizada se quedará toda su vida. Siempre es bueno que los padres enseñen a sus hijos a dar a los demás miembros de la familia.

Recibí una importantísima lección de cómo compartir cuando tenía dieciséis años. Un día, justo cuando me disponía a comer en nuestra cueva en el Himalaya, llegó un swami que también tenía mucha hambre, tanta como yo, porque solíamos comer sólo una vez al día. Mi Maestro me dijo: "déjale tu comida". Le contesté que no. Pero mi Maestro insistió: "mira, vas a disfrutar más si le das tu comida que si te la comes". Le contesté que de eso yo no estaba seguro. Entonces dijo mi Maestro: " tan sólo dale tu comida, pero antes dale agua para que se lave los pies y las manos. Luego ofrécele tu comida. Tienes que hacerlo, es un experimento". Cuando el swami terminó la comida dijo: "tenía mucha hambre, muchas gracias, que Dios te bendiga" y me sentí inundado de alegría. Deberíamos tener este tipo de experiencias en casa y aprender a dar. Este es el primer principio de la vida.

Hay un serio defecto en el modo en que desempeñáis vuestros deberes hacia vuestras familias. Hacéis las cosas por mero hábito pensando que cumplís con vuestro deber, pero así estos deberes se convierten en un peso y no podéis disfrutar de ellos. Cuando cumplís con vuestros deberes en el mundo exterior aprended a hacerlo con amor. En la escalera del amor el primer peldaño se llama reverencia. Si no sentís respeto por alguien que decís querer, esto no es amor. En Sánscrito esto se llama "bhakti". Bhakti es una mezcla de dos palabras: amor y devoción. Si sentís amor y devoción por vuestra familia disfrutaréis cumpliendo vuestros deberes hacia ella, de no ser así tan sólo trabajáis como esclavos.

Los niños necesitan amor y cuidado, pero las actitudes modernas de educación hacen de ellos unos monstruos. Decís querer a vuestros hijos, pero a menudo esto no es verdad.

Hoy día se trata a muchos niños con negligencia y hasta con abuso, tanto a nivel emocional como a nivel físico. A veces los propios padres descargan sus emociones negativas sobre sus hijos y los pegan. Algunas madres pegan a sus bebés cuando lloran, el bebé desarrolla entonces el hábito de llorar en demanda de amor y de atención maternal. Tal es frecuentemente el primer hábito que un bebé adquiere de forma inconsciente. Este hábito se convierte en parte de su subconsciente y de su personalidad y el pobre crece con la constante expectativa de recibir la atención de los demás. Esta vida llena de expectativas crea una dependencia que es como una adicción y esta adicción trastorna todo el marco de su vida interior y es tan peligrosa como la adicción al alcohol o a la droga.

Entre la infancia y la madurez suele haber una etapa de rebelión durante la cual los niños quieren expresarse con todo su poder, pero no pueden hacerlo a causa de las barreras que se crearon en su niñez. Los niños quieren disfrutar a su nivel como experimento y experiencia todo lo que pueden. Salen en busca de las alegrías del mundo exterior, primero por curiosidad, más tarde por necesidad biológica y muchas veces tan sólo por sentirse seguros socialmente. Quieren entender uno de los instintos básicos, una de las necesidades primordiales de la vida: la relación humana. En esta etapa buscan igualdad y similitud y están poseídos por el sentido de la compatibilidad humana. Después de algunos experimentos iniciales puede que descubran que no son capaces de disfrutar de nada, porque su fuerza interior es débil a causa de la conducta torpe de sus padres. No se sienten ni seguros, ni libres, ni fuertes, ni capacitados. Estas inseguridades de los niños son reflejos compartidos con los padres en base al amor. Si un niño no ha recibido el cuidado que necesitaba por parte de su madre o padre en todas las etapas críticas de su desarrollo, cuando se hace adulto proyecta estas necesidades insatisfechas sobre su pareja. Para una persona así, la pareja se convierte en su padre o su madre según el caso. Esto conduce a una incompatibilidad que dura toda la vida. ¡Qué situación tan deplorable!. ¡Dos corazones que no se unen nunca aunque vivan juntos!. No quiero decir que los niños deban depender mucho de los padres porque aprender a soltar y a soltarse es de hecho una parte importante del entrenamiento en la infancia. Un niño que recibe la cantidad de amor que necesita crecerá hasta llegar a ser una persona buena y sana cuya habilidad para comunicarse le ayudará más tarde a crear una vida familiar saludable y llena de amor. El ciclo continúa y los padres son los responsables de ponerlo en marcha.

El hogar tiene el propósito de que cada miembro en él pueda aprender a amar, luego este amor se expandirá a la comunidad, a la nación, a las demás naciones y al mundo entero. Desgraciadamente el hogar, cuya finalidad es irradiar amor, se ha convertido en un centro de odio. Cuando cada miembro odia a los demás, incluso en un pequeño hogar ¿qué se puede esperar en lo que al amor respecta?. Es importantísimo modificar la educación básica que los padres imparten a sus hijos en sus hogares. Si vuestra generación sufre ¿por qué ha de sufrir también la siguiente? Cuando entendáis que estáis sufriendo a causa de ciertos complejos que provienen del odio y del egoísmo ¿por qué querer que vuestros hijos pasen por lo mismo?. En casa intentad ser un ejemplo para que vuestros hijos también aprendan a amar. Dentro de vosotros mismos tratad de no crear odio ninguno, porque esto retrasa vuestro crecimiento. Cuando hay amor no hay egoísmo y no se espera nada a cambio y esto no es imposible. Cuando los padres aman de verdad a sus hijos, no tienen la expectativa de que cuando sean mayores les devolverán este amor y este cuidado. Amar a los hijos significa hacer todo para ellos, pero hay que expandir este sentimiento. Si sentís deleite en ayudar, cuidar y servir a vuestros hijos, podéis hacer lo mismo para los vecinos, la comunidad, la sociedad y hasta para la humanidad entera. Aunque uno nazca en una familia pequeña, puede crecer y ser generoso. Una vez que aprendáis a ser un ejemplo para vuestra familia inmediata y a servirla con amor, entonces podréis tener la misma experiencia en toda la sociedad. No os estoy diciendo que seáis generosos en exceso con la sociedad, pero si que cumpláis con vuestros deberes hacia ella. Si mejoráis y aprendéis a dar habrá cada vez menos problemas en vuestra vida.

Dar significa sacrificar algo. Sacrificar es más elevado y más difícil que dar. Queréis dar y debéis dar. Este es el único camino. Según los grandes sabios, amar significa dar, dar, dar, sin esperar nada a cambio. Servir a los demás es una expresión verdadera de amor. Cuando hacéis algo por los demás sin egoísmo y sin expectativa, entonces vais más allá de las ataduras de vuestra individualidad. No hay nada que pueda cambiar el destino humano excepto al amor. A través del amor se puede transformar la sociedad entera.

El mundo actual sufre por exceso de expectativas, todos quieren coger y nadie quiere dar. Por eso digo que la sociedad actual sigue estando en un estado primitivo. Todavía no ha alcanzado las alturas de una cultura en la cual los padres han aprendido a dar sin egoísmo a sus hijos. La cultura de la droga podría controlarse en un solo día si todos los padres dieran a sus hijos la seguridad de que les aman. ¿Podéis sacrificar algunos de vuestros placeres para que vuestros hijos puedan crecer sin errores?. ¿Si los padres no enseñan a sus hijos a no ser egoístas, cómo éstos van a aprenderlo? Pueden aprender las técnicas de cómo trabajar en el mundo, pueden llegar a ser grandes científicos y doctores, poetas y grandes artistas, pero en ellos no habrá amor. Una sociedad así se desmorona como un castillo sin naipes. Hemos de pensar seriamente en esto.

En el momento en que un individuo entiende que no ha recibido amor en su niñez, ha de aprender a amar a los demás. Amando a los demás podéis compensar lo que pasó en vuestra niñez y entonces olvidarlo. Incluso si vuestros padres no os amaron lo suficiente todavía podéis amar y ser un ejemplo para los demás. No recuerdo a mis padres, nunca pienso en ellos ni me pregunto por qué no los he tenido y no tengo ningún problema psicológico por ello. Mi Maestro me dio un amor inmenso y desprovisto de egoísmo. Ningún niño recibe este amor que recibí de él en mi niñez. Me siento feliz por ello. Cuando me fui para empezar mi labor en Occidente le dije: "Señor, lo has hecho todo por mí sin egoísmo ¿qué puedo hacer por ti?. ¿Me siento a tus pies y hago un ritual?" Sonrió y me dijo: "me he sentado muchas veces a tus pies, hijo. No vayas a por esos falsos rituales. Pero del mismo modo que te he amado, ama a los demás." Hasta hoy os puedo asegurar que he hecho todo lo que he podido, pero no soy perfecto. Experimento la mayor de todas las alegrías en la vida cuando puedo hacer algo por alguien. Si tengo dinero lo doy con una sonrisa y con alegría. Quiero veros a todos sonreír, quiero veros a todos sanos y felices.

Muchos padres se vuelven muy protectores hacia sus hijos, pero un niño no sólo necesita protección, sino también amor, un amor ejemplar. Los niños están hambrientos de calor y de amor. Si queréis tener hijos tenéis primero que aprender a ser padres. Ser padres significa aprender a sacrificarse por los hijos. Una Escritura en Sánscrito dice que hay que amar a los hijos de forma incondicional hasta que cumplen cinco años, que después necesitan amor y disciplina. Amadlos sin reserva, plenamente, y sacrificad vuestros placeres por este amor. Si de verás queréis que vuestros hijos crezcan como es debido aprended a sacrificar vuestros intereses personales. El verdadero cimiento del proceso de crecimiento humano es el amor.

¿Sabéis por qué tenéis hijos?. Con el fin de poder sentir el amor del Señor. Un hijo es una gran alegría y os puede enseñar la mayor lección de la vida. ¿Sabéis cuánto os ama Dios?. Tan sólo los que tienen hijos pueden saberlo. Dios os ama tanto como amáis a vuestros hijos. Los que no tienen hijos no pueden sentir esto. Sois hijos de Dios y os ama, os protege tanto como vosotros a vuestros hijos. Al tener un hijo y amarle podéis estar a tono con vuestro propio y verdadero Ser.

VII.

La Espiritualidad

Con el paso del tiempo la noble cultura de nuestra sociedad se ha polucionado, y la religión, parte esencial de la cultura, se ha recubierto del polvo de la ignorancia. Las religiones y la fe ciega ¿son realmente útiles o son algo que creamos a causa de la inseguridad y del miedo en los cuales vivimos todo el tiempo? Lo que se llama habitualmente religión ¿sirve de algo para nuestro vivir diario? ¿tiene alguna función mientras comemos, bebemos, nos lavamos y cumplimos con nuestras tareas diarias? No estoy en contra de la verdadera religión y de sus códigos de conducta, pero estoy en contra de los dogmas rígidos que siguen torciendo el destino de la vida humana.

Hablamos de Dios, hacemos rituales, estudiamos las Escrituras, vamos a la iglesia o al templo. Sin embargo nuestra ignorancia sigue igual, nada cambia en nuestra vida diaria ni en nuestra conducta. ¿Por qué? Desde la infancia se nos enseña a ver y a experimentar las cosas del mundo exterior pero nadie nos enseña a mirar hacia dentro, a mirar y a encontrar en nuestro interior. Todas las formas de educación nos enseñan a entender las cosas del mundo exterior pero no nos enseñan a buscar dentro de nosotros mismos.

Empecé a enseñar cuando era muy joven. Si uno vive en un ambiente se comporta de acuerdo con ese ambiente. Puesto que viví en un entorno en el cual viejos swamis solían enseñar a la gente, empecé a enseñar y esto se convirtió en parte de mi vida. A los veintitrés años un día me senté y pensé: "¿ qué es esto que se llama Conocimiento?. Hay en mi algo intenso y este poder siempre quiere saber más y más. No tiene fin. ¿Qué es este Conocimiento?. ¿Qué conocimiento tengo?. He recibido Conocimiento de mis profesores, de mis amigos, de mis vecinos, del colegio y de la universidad y sin embargo sigo siendo ignorante. ¿Será posible que todo esto que he recibido no sea realmente Conocimiento?."

Así que fui a ver a mi Maestro que me dijo: "piensas de forma correcta, sigue pensando y luego dime qué has aprendido". Tardé siete días en entender que todo el conocimiento que recibimos del mundo exterior es tan sólo información, tan sólo nos informa de algo. Si estudiáis y analizáis el conocimiento que tenéis, os daréis cuenta que no sabéis nada; este conocimiento que creéis tener no es vuestro. Todo lo habéis recibido de fuera y la mayor parte de ello no ha pasado por un proceso de filtración. ¿Cuánto acepto de lo que decís y cuánto no acepto? Todo lo que sabéis hasta hoy os viene de vuestros padres, parientes, vecinos o escuelas. Pero ¿Qué sabéis realmente? A esta pregunta tendréis que contestar: "lo siento, no sé nada".

Cuando un ser humano crece y se percata de esta realidad, se da cuenta que durante toda su vida ha estado aprendiendo de los demás, pero no de sí mismo. Cuando algo no es vuestro ¿Qué hacéis? Empezáis a depender de los demás y cuando esto ocurre no podéis vivir sin ellos. Incluso si habéis decidido hacer algo seguís yendo a ver a un sacerdote o a otra persona para preguntarle si eso está bien. Queréis la confirmación de otra persona porque tenéis dependencia de los demás. Siempre andáis buscando que alguien os diga lo que tenéis que hacer y no os dais cuenta de que dentro de vosotros hay una fuente y que cuando entendáis, conozcáis y realicéis esta fuente, recibiréis la Iluminación.

El sistema educativo, tanto en Oriente como en Occidente, está enfocado tan sólo hacia la educación de la mente consciente –la parte de la mente que solemos utilizar en nuestra vida diaria durante el estado de vigilia– por eso estamos confusos, ya que la mente consciente es una parte mínima de la totalidad de la mente. Tenemos en nuestro interior una biblioteca tan amplia que es infinita, pero nuestra educación no nos ayuda a tener control sobre la totalidad de la mente. Allí está la riqueza, pero no sabemos en que rincón se encuentra. Nos queda por conocer la parte más grande de la mente, la que está por debajo del nivel consciente y hasta que aprendamos a utilizar esta amplísima parte de la mente seguiremos desprovistos de ella. Todos los conflictos que tienen lugar entre los varios elementos de la sociedad, de la familia y dentro de nosotros mismos, existen porque no nos conocemos a todos los niveles.

En los colegios no se enseña a los niños que la mente es diferente del cerebro. La mente es un instrumento que hemos de entrenar. Cuánto más se entrena la mente más se entrena uno a sí mismo y más poderes dinámicos se descubren dentro de uno mismo. No se recibe este entrenamiento en los colegios ni en las universidades. Estos os enseñan idiomas, historia, geografía, ciencia y otros temas académicos, pero la universidad rara vez os enseña a pensar. La educación moderna tan sólo enseña a imitar a los que vinieron antes y ello obstaculiza el pleno desarrollo de la mente joven, la cual tiene posibilidades ilimitadas. Esta educación superficial no sirve para conocerse a uno mismo. Hay otra educación más elevada que sirve para conocer "paravidya" -aquello que está más allá-. Esta posibilidad sólo se alcanza a través de la meditación y desgraciadamente nuestros sistemas educativos no la enseñan.

Aunque el conocimiento científico del mundo en el que vivimos sea esencial en la educación, para el desarrollo equilibrado de la personalidad humana se necesitan dos corrientes: la científica y la espiritual. El mundo moderno se ha entregado a la ciencia material, la ciencia y la tecnología han reducido las distancias físicas y han acercado a las gentes de todas las partes del mundo. Pero tan sólo el estudio de la ciencia, sin espiritualidad, lleva a la nueva generación hacia la deshumanización. Al exponer a los niños a un continuo bombardeo de propaganda los estamos convirtiendo en máquinas precisas y predecibles.

El ser humano todavía está incompleto, es una criatura sin terminar. Hoy día es necesario que los seres humanos de todos los países se den cuenta del potencial espiritual que llevan dentro de sí. Cada uno ha de tomar el tiempo necesario para entender su Fuerza Interior. No me refiero a la fuerza física, sino a la proviene del amor y de la dulzura. Quien es dulce y ama a los demás es fuerte, y quien es egocéntrico y egoísta es débil. Cuanto más egocéntrico y egoísta sea un ser humano, más débil es. Cuánto más generoso, más fuerte. Tan sólo puede dar aquel que tiene algo que dar. El que nada tiene, nada puede dar.

Cuando practicáis la meditación, primero entráis en contacto con vosotros mismos, con los patrones habituales de vuestros pensamientos y conversaciones interiores. Luego aprendéis a discernir, a seleccionar, y finalmente aprendéis a trabajar con vosotros mismos. Estas semillas son las que deberían sembrarse en la infancia.

En vez de esto, creyentes de todas las religiones, aferrados a sus rituales exteriores, imponen sus ideales a sus hijos y les fuerzan a participar en sus costumbres inveteradas. Se enseña a los niños a venerar y a adorar imágenes de Cristo, de Krishna o de otros dioses y diosas, y a veces también la de líderes religiosos o políticos. Esto no les ayuda a ser independientes ni a lograr la paz mental. Los niños necesitan que se les enseñe cómo cultivar virtudes divinas dentro de ellos mismos. Necesitan que se les enseñé a mirar hacia dentro y a encontrar lo que hay en ellos, para que puedan alcanzar la libertad. Creo que si se diera a cada niño una educación espiritual, tendría menos problemas y viviría mejor. Sin entender los valores de la espiritualidad, con todas sus corrientes y contracorrientes, uno está perdido porque vive en esta jungla que se llama el mundo.

La mayoría de las enfermedades se generan en la niñez. Los niños enferman porque no han aprendido los medios para tener paz en su mente. ¿Por qué no enseñarles el silencio interior antes de que se vuelvan activos? Las madres pueden hacer esto si son amigas de sus hijos. Pero ahora las madres no tienen tiempo, salen y se divierten mientras sus hijos se quedan en casa. La falta de comunicación entre la nueva generación y la de sus padres está creando un gran caos. Lo primero que hay que hacer es aprender a respetar la institución familiar, en la cual los padres son los consejeros de sus hijos y éstos aceptan a sus mayores no sólo como padres sino como amigos.

Si hacéis de la meditación una parte de vuestra vida, vuestros hijos seguirán vuestro ejemplo. Educar con el ejemplo es fundamental. Los niños imitan a sus padres, no hace falta enseñarles a meditar. De hecho es mejor no hacer esto. Es con el ejemplo como se enseña a los niños a sentarse en quietud y a enfocar su mente. Si os sentáis a meditar, el niño viene, se sienta y pretende hacer lo que hacéis. Así, con el tiempo, el niño sabrá lo que hacéis y formará el hábito de sentarse en quietud.

Solía hacer esto en mi niñez. Me sentaba al lado de mi Maestro cuando meditaba. Cuando quería su atención me sentaba en sus rodillas. El no me decía nada, así que solía hacer algo para atraer su atención. Entonces me frotaba la frente y yo no sabía lo que me ocurría pero estoy seguro de que no me dormía. Si un niño tiene un padre o una madre que meditan y van y se sientan a su lado, es muy bueno para él. ¿No creéis que está meditando?. Afirmo que sí, que mejor que vosotros. Pero incluso si tan sólo os imita, es bueno para él.

La meditación es algo muy potente que produce buenas vibraciones para todos. Así que si meditáis seguro que afecta a vuestros hijos. Si se registran las ondas mentales de un niño que duerme mientras meditáis, se ve la diferencia. Incluso las plantas y los animales domésticos están afectados de forma positiva por vuestra meditación. En vez de imponer vuestro ego o vuestros problemas emocionales a vuestros hijos en nombre de la disciplina, por favor: disciplinaros a vosotros mismos y entonces vuestros hijos también aprenderán.

Como parte de nuestro entrenamiento educativo hemos de definir la espiritualidad en sus términos más precisos y más universales. La espiritualidad significa aquello que nos ayuda a disciplinar nuestros pensamientos, nuestro habla y nuestras acciones, aquello que nos conduce hacia nuestro Centro de Consciencia y así nos ayuda a desarrollar nuestros potenciales interiores. La educación basada en estos principios espirituales ayudará a la humanidad a tener auto-confianza y auto-seguridad. Tan sólo una educación basada en la espiritualidad puede lograr un equilibrio armonioso entre nuestra vida exterior y nuestra vida interior.

No hay necesidad de forzar a los niños a creer que hay un Dios. Sin embargo hay que darles la oportunidad de desarrollar su potencial interior, de ganar auto-confianza y de sentir el anhelo de buscar a Dios según sus propias tendencias y capacidades. Para los niños, aprender a utilizar las virtudes divinas, a tener el conocimiento de teorías acerca de la existencia de Dios, no es tan importante como aprender a disciplinarse. A través de la auto-disciplina se puede tener experiencia directa de lo Divino.

Las prácticas espirituales emprendidas en edad temprana tienen un efecto profundo y duradero. Los seres humanos tienen enormes potenciales siempre y cuando se les enseñe a auto-entrenarse a todos los niveles –físico, mental y espiritual–. Enseñemos a los niños a ser conscientes de Sí Mismos a todos los niveles. Con una mente quieta y enfocada los niños pueden tener un atisbo de verdadera paz y verdadera felicidad.

Conclusión

Si ha de tener lugar una civilización más elevada en el mundo, ésta empezará desde la vida familiar. La institución familiar es de más valor que todos los templos, iglesias, mezquitas y sinagogas. Los que son padres son el verdadero fundamento de la sociedad. Vuestro papel en la sociedad no es tan sólo expresar vuestras necesidades biológicas o emocionales, sino establecer los cimientos de esta sociedad para que toda ella alcance un estado de paz y felicidad. El mundo llegará a la próxima civilización y será iluminado cuando la humanidad entera entienda que el hogar existe para irradiar amor hacia las demás familias. Un hogar no debería nunca irradiar odio, celos u otros sentimientos negativos. El hogar sirve para establecer y mantener la paz, para que cada miembro pueda disfrutar del amor e irradiar amor. Cuando todos los seres humanos se den cuenta de esta realidad habrá alegría por doquier. Entonces la mente se orientará hacia arriba, hacia el Centro de Consciencia de dónde fluye en varios grados y niveles.

Hagamos todo cuanto podamos para reconstruir nuestra sociedad. Somos los guardianes de nuestra cultura, hemos de mantenerla y dar ejemplo. Si una sola persona se libera la sociedad no gana, si una persona se hace monje, tampoco la beneficia. No importa cuántos líderes y dioses vengan, nadie nos puede ayudar si no estamos dispuestos a aplicar el remedio. Lo que se necesita es la liberación de todos. Cada uno ha de liberarse. Esto puede ocurrir si cada uno acepta sus deberes y los lleva a cabo con amor. Entonces nadie será esclavo sino que podrá disfrutar de su trabajo. El deber esclaviza al ser humano que lo siente como una obligación. Soléis decir: "no quiero hacerlo, pero no tengo más remedio", ésta no es una forma correcta de vivir. Disfrutar de la vida significa aprender a amar vuestros deberes para que os den un sentido de libertad y de alegría. Podéis empezar amando a vuestros hijos y poco a poco aprenderéis a expandir este amor hacia los demás.

La forma tradicional de criar a un niño se basa sobre un sentido de falsa identidad y la forma moderna se apoya en una curiosidad psicológica y biológica. Ambos métodos son imperfectos. Las madres deberían reunirse e inventar algo nuevo que no ignore ni lo antiguo ni los descubrimientos actuales, y que añada algo más vital para que la educación de un niño sea una alegría tanto para el niño como para la madre.

Los niños son los verdaderos dioses y deberían ser reverenciados con plena atención, amor y adoración. Hemos de impartir una buena educación a todos los niños porque son los padres de la siguiente generación de nuestra sociedad. Para esto hay que ser muy cuidadoso con la educación que se imparte en el hogar, porque la sociedad es una expansión de la vida familiar. Los padres deberían dar una atención especial a cada uno de sus hijos y una dedicación total. Si hicieran esto con cariño y les dejasen crecer según sus propias tendencias innatas, en nuestra sociedad abundarían los genios creativos con capacidad de amar, de compartir y de darse cuenta de la verdad de la convivencia -la filosofía de: vive y deja vivir-. Si esto se transmite a los hijos, oirán la llamada de la paz y esta paz se establecerá aquí, allí y en todas partes.

La niñez es la mejor época de la vida y no vuelve nunca. Los niños son las flores más hermosas, pueden hacer que nuestra sociedad florezca. Sin niños una nación no sobrevive. Si realmente queremos mejorar nuestra sociedad necesitamos la ayuda de los niños que han sido queridos, cuidados y educados con sabiduría. No hay mejor base para una vida feliz que una infancia feliz.

El Autor

Swami Rama nació en los Himalayas y fue iniciado por su Maestro en muchas prácticas de yoga. Además su Maestro envió a Swamiji a otros yoguis y sabios de los Himalayas para que obtuviera nuevas perspectivas y conocimiento de la Enseñanza antigua. A la temprana edad de veinticuatro años fue elegido Shankaracharya de Karvipitham en el sur de la India. Swamiji dejó este puesto para seguir con su práctica intensa en las cuevas de los Himalayas. Después de lo cual su Maestro le envió a Japón y luego a Occidente, para que explicase la base científica de las antiguas prácticas de yoga. En la Fundación Menninger en Topeka, Kansas, Swamiji demostró de forma convincente la capacidad que la mente tiene de controlar los procesos fisiológicos llamados involuntarios, tal como los latidos del corazón, la temperatura y las ondas cerebrales. La labor de Swamiji en los Estados Unidos duró veintitrés años durante los cuales fundó el Himalayan International Institute.

En los USA se reconoció a Swamiji como yogui, profesor, filósofo, poeta, humanista y benefactor. Sus modelos de medicina preventiva, salud holística y remedio para el estrés, han impregnado la corriente general de la medicina occidental. En 1993 Swamiji volvió a la India donde fundó el Himalayan Institute Hospital Trust (HIHT) en las estribaciones de los Himalayas, en Garhwal. Swamiji abandonó este plano material en Noviembre de 1996, pero las semillas que sembró siguen brotando, floreciendo y produciendo frutos. Sus enseñanzas, contenidas en las palabras: "ama, sirve y recuerda", siguen inspirando a muchos estudiantes que tuvieron la fortuna de entrar en contacto con un Maestro tan completo, desinteresado y lleno amor.

Himalayan Institute Hospital Trust

Tal vez el servicio más obvio de Swamiji a la humanidad es el Himalayan Institute Hospital Trust (HIHT). Es una organización no lucrativa dedicada al principio de que todo ser humano tiene derecho a la salud, a la educación y a ganarse la vida. Los programas de cuidado sanitario y de desarrollo del HIHT incluyen atención sanitaria, educación e investigación. La filosofía de HIHT es : "amar, servir y recordar".

La misión de la fundación es desarrollar programas integrados y económicos de atención sanitaria y de desarrollo, dirigidos a la población local y que puedan servir también de modelo a todo el país y a todos los países empobrecidos del mundo entero. Un programa combinado, en el cual los sistemas de medicina tradicional se complementan con la medicina moderna y la tecnología más avanzada, es el enfoque más completo en lo que a la salud se refiere.

HIHT se halla en el estado de Uttaranchal, recientemente formado, uno de los estados más pobres de la India. Esta visión atrevida de proporcionar servicios médicos a una población de millones de personas, la mayoría pobres y carentes de cuidados sanitarios, empezó modestamente en 1989 con un pequeño ambulatorio. Hoy día es el asiento de una ciudad médica de índole mundial, y un campus que incluye un gran hospital con toda la gama de servicios especializados, un programa de salud holística, una universidad de medicina, una escuela de enfermeras, un instituto de desarrollo rural e instalaciones para acomodar a los médicos, enfermeras, estudiantes y familias de los pacientes. Esta transformación es el resultado de la visión de Swami Rama.

Para el contacto de información:
Himalayan Institute Hospital Trust,
Swami Rama Nagar, P.O. Doiwala,
Distt. Dehradun 248140, Uttaranchal, India.
Phone: 91-135-2412068, Fax: 91-135-2412008,
hihtsrc@sancharnet.in; www.hihtindia.org.

Swami Rama Foundation of the USA, Inc.

La Fundación Swami Rama de EEUU es una organización registrada, sin ánimo de lucro y exenta de impuestos, comprometida con la orientación del sabio hindú Swami Rama. La Fundación se estableció para proporcionar ayuda financiera y apoyo técnico a las instituciones e individuos preparados para poner en práctica esta orientación dentro y fuera de EEUU. La esencia de la posición de Swami Rama se basa en tender un puente entre la ciencia occidental y la sabiduría oriental mediante la integración de mente, cuerpo y espíritu.

Para el contacto de información: Swami Rama Foundation of the USA, Inc., 2410 N. Farwell Avenue, Milwaukee, WI 53211, USA. Phone: 414-273-1621, srfoundation@rediffmail.com.

SAMADHI
the Highest State of Wisdom

Yoga the Sacred Science, volume one

Swami Rama

Samadhi: The Highest State of Wisdom brings Patanjali's Yoga Sutras to life in a very personal and helpful way.

Swami Rama's description of the totality of the mind, the functions of the mind, and the emotions, goes far beyond the concepts of modern psychology, and provides insight into the intricacies of yoga psychology, making this an invaluable edition from the therapeutic viewpoint as well as its practicality as a guide for living a healthy, balanced life.

ISBN 8-188157-01-5; $14.95, paperback, 256 pages

Available from your local bookseller or:
To order send price of book plus $2.50 for 1st book and .75 for each additional book (within US) (Wi. res. add 5.5% sales tax) to:
Lotus Press, PO Box 325,
Twin Lakes, WI 53181, USA
Toll Free: 800-824-6396; Phone: 1-262-889-8561
Fax: 1-262-889-2461 lotuspress@lotuspress.com
www.lotuspress.com

Conscious Living

A Guidebook for Spiritual Transformation

Swami Rama

This is a practical book for people living in the world. The word "practical" implies that the teaching can be practiced in the world, in the midst of family, career and social obligations. No prior preparation is required for reading this book, and after reading this book, no further teaching is required. If one were to sincerely practice the teachings presented by Sri Swami Rama in this book, one will surely achieve the goal of self- realization, a state described by Swamiji as the summum bonum of life, a state of bliss, a state of perfection.

ISBN 8-188157-03-1; $12.95, paperback, 160 pages

Available from your local bookseller or:
To order send price of book plus $2.50 for 1st book and .75 for each additional book (within US)
(Wi. res. add 5.5% sales tax) to:
Lotus Press, PO Box 325,
Twin Lakes, WI 53181, USA; Toll Free: 800-824-6396
Phone: 1-262-889-8561; Fax: 1-262-889-2461
lotuspress@lotuspress.com; www.lotuspress.com